Grenzen der Zulässigkeit von Wahltarifen und Zusatzversicherungen in der gesetzlichen Krankenversicherung

Siegfried Klaue · Hans-Peter Schwintowski

Grenzen der Zulässigkeit von Wahltarifen und Zusatzversicherungen in der gesetzlichen Krankenversicherung

Springer

Professor Dr. Siegfried Klaue
Beerenstraße 40
14163 Berlin
prof.klaue@t-online.de

Professor Dr. Hans-Peter Schwintowski
Humboldt-Universität Berlin
Unter den Linden 6
10099 Berlin
hps@rewi.hu-berlin.de

ISBN 978-3-540-77880-6 e-ISBN 978-3-540-77881-3

DOI 10.1007/978-3-540-77881-3

Bibliografische Information der Deutschen Nationalbibliothek
Die Deutsche Nationalbibliothek verzeichnet diese Publikation in der Deutschen Nationalbibliografie; detaillierte bibliografische Daten sind im Internet über http://dnb.d-nb.de abrufbar.

Herstellung: LE-TeX Jelonek, Schmidt & Vöckler GbR, Leipzig
Einbandgestaltung: WMX Design GmbH, Heidelberg

Gedruckt auf säurefreiem Papier

9 8 7 6 5 4 3 2 1

springer.de

Vorwort

Durch das Gesetz zur Stärkung des Wettbewerbs in der gesetzlichen Krankenversicherung (GKV-WSG) wurden Wahltarife auch für Pflichtversicherte (§ 53 SGB V) eingeführt. Von besonderem Interesse ist die Neuregelung in § 53 Abs. 4 SGB V. Danach kann die Krankenkasse in ihrer Satzung erstmals vorsehen, dass Pflichtmitglieder für sich und ihre Angehörigen Tarife für Kostenerstattung wählen können – eine solche Wahlmöglichkeit gab es in der Vergangenheit nicht. Durch ein Rundschreiben des Bundesversicherungsamts vom 13. März 2007 ist die Frage aufgeworfen worden, ob gesetzliche Krankenkassen nicht nur Wahltarife, sondern womöglich auch Zusatzversicherungen anbieten dürfen. Das Bundesversicherungsamt ist nämlich der Auffassung, dass das Angebot eines Kostenerstattungstarifes für Chefarztbehandlung und Zwei-Bett-Zimmer (in zugelassenen Krankenhäusern) keine Leistungsausweitung darstelle, weil ärztliche Behandlung und Unterbringung Bestandteile der Krankenhausbehandlung seien.

Diese Interpretation von § 53 Abs. 4 SGB V durchbricht die präzise Abgrenzung zwischen Wahltarifen und Zusatzversicherungen. Die vorliegende – von der DeBeKa angeregte – Untersuchung kommt auf der Grundlage einer breit angelegten, das europäische und das nationale Kartellrecht mit einbeziehenden Untersuchung, zu dem Ergebnis, dass die Auffassung des Bundesversicherungsamts aus einer Vielzahl von Gründen mit dem geltenden Recht nicht zu vereinbaren ist. Das ergibt sich teilweise aus dem Sozialrecht selbst, vor allem aber aus den Grundwertungen des europäischen Rechts (insbesondere Art. 86 EG), aber auch dem Grundgesetz und dem Gesetz gegen den unlauteren Wettbewerb. Hinzu kommt, dass die GKV auf dem Markt für Zusatzversicherungen ihre marktbeherrschende Stellung nach europäischem und nationalem Kartellrecht durch ein Angebot solcher Versicherungen missbrauchen würde.

Prof. Dr. Siegfried Klaue
Prof. Dr. Hans-Peter Schwintowski

Berlin, 14. Dezember 2007

Inhaltsverzeichnis

A. Vorbemerkungen

I. Zur Einführung

Wettbewerb innerhalb der gesetzlichen Krankenversicherung (GKV) und zwischen der GKV und den Unternehmen der privaten Krankenversicherung (PKV) ist ein in den letzten Jahren breit diskutiertes Thema anlässlich jeder Reformdiskussion für das Gesundheitswesen. Es nimmt nicht Wunder, dass das Thema zwischen und innerhalb der gesellschaftlichen Gruppen innerhalb und außerhalb des Gesundheitswesens streitig ist.

Schon mit dem zweiten GKV-Neuordnungsgesetz 1997 gab der Gesetzgeber den gesetzlichen Krankenkassen die Möglichkeit, mithilfe von Wahltarifen ihr Leistungsangebot zu differenzieren. Nach dem Regierungswechsel 1998 wurde die Bestimmung durch das GKV-Solidaritätsgesetz aufgehoben mit der Begründung, diese für die PKV charakteristischen Instrumente seien mit den Prinzipien der solidarischen GKV nicht vereinbar. Mit dem GKV-Modernierungsgesetz wurden Wahltarife erneut thematisiert. Das Gesetz zur Stärkung des Wettbewerbs in der gesetzlichen Krankenversicherung (GKV-WSG) hat die Frage nach Wahltarifen und Zusatzversicherungen zur gesetzlichen Krankheitsvollversicherung mit den Änderungen insbesondere zu § 53 SGB V zur Debatte gestellt. Zusatzversicherungen und Wahltarife für die gesetzliche Krankheitsvollversicherung sind innerhalb und außerhalb der GKV sehr umstritten.[1] Dabei ver-

[1] Siehe die gemeinsame Stellungnahme der GKV-Verbände zum Entwurf eines GKV-Wettbewerbsstärkungsgesetzes (GKV-WSG), BT-Drucks. 16/3100 vom 24.10.2006 und das WIP-Diskussionspapier 4/07, Wahl-

steht man unter Wahltarifen differenzierte Angebote von Krankheitsvollversicherungen für Versicherte im Sinne des SGB V, zum Beispiel eine Krankheitsvollversicherung mit oder ohne Selbstbehalt, und unter Zusatzversicherungen eine über die Krankheitsvollversicherung für Versicherte im Sinne des SGB V hinausgehende Leistung der GKV, wie zum Beispiel Abdeckung der Kosten für Chefarztbehandlung und Ein- oder Zweibettzimmeraufenthalt im Falle einer stationären Behandlung.

In der GKV sind etwa 90 % der Bevölkerung der Bundesrepublik mit einer Krankheitsvollversicherung versichert, deren Leistungsspektrum durch Gesetz für Institutionen der GKV festgelegt ist. Die Krankheitsvollversicherung der GKV beruht auf dem Solidaritätsprinzip. Etwa 10 % der Bevölkerung sind mit einer Krankheitsvollversicherung bei einer PKV versichert. Der Kreis der Pflichtversicherten bestimmt sich nach § 5 ff. SGB V. Grundsätzlich können auch Personen, die nicht nach dem SGB V pflichtversichert sind, eine Krankheitsvollversicherung bei der GKV erhalten (freiwillig Versicherte). Aus der GKV können (bisher) Pflichtversicherte unter bestimmten im Gesetz genannten Voraussetzungen austreten, zum Beispiel, wenn eine fixierte Einkommensgrenze (3 Jahre) überschritten ist. Doppelte Krankheitsvollversicherungen sowohl bei der GKV als auch bei einer PKV sind nicht nur unüblich, sondern auch ökonomisch unsinnig, denn Doppelversicherungen führen im Leistungsfalle nicht zu Doppelzahlungen. Für den Abschluss einer Krankheitsvollversicherung bei der PKV stehen deshalb realiter nur solche Personen zur Verfügung, die nicht pflichtversichert sind.

Die PKV bietet traditionell neben einer Krankheitsvollversicherung Zusatzversicherungen und Wahltarife für die bei ihnen versicherten Personen an. Für die bei der GKV Versicherten haben die PKV-Unternehmen schon immer Zusatzversicherungen angeboten. Solche Zusatzversicherungen haben in den letzten Jahren für die GKV-Versicherten immer größere Bedeutung erlangt. Ursächlich dafür sind

---

tarife in der GKV – Nutzen oder Schaden für die Versichertengemeinschaft.

die Einschnitte in den Leistungskatalog und die ständigen Diskussionen um weitere Leistungskürzungen in der Zukunft. So haben etwa 12 Millionen GKV-Versicherte bei einer PKV eine Zusatzversicherung abgeschlossen.[2] Wirtschaftlich betrachtet haben die Zusatzversicherungen, die von gesetzlich Versicherten bei einer PKV abgeschlossen worden sind, einen Anteil von ca. 12 % an den Gesamtbeitragseinnahmen der PKV.[3] Da sich Wahltarife im Prinzip auf die Krankheitsvollversicherung beziehen, spielen Wahltarife für das Verhältnis der PKV zur GKV und deren pflichtversicherten Mitgliedern keine direkte Rolle.

Durch das Gesetz zur Stärkung des Wettbewerbs in der gesetzlichen Krankenversicherung (GKV-WSG)[4] wurden **Wahltarife** auch für Pflichtversicherte (§ 53 SGB V) eingeführt. Der Text von § 53 SGB V lautet:

> *„(1) Die Krankenkasse kann in ihrer Satzung vorsehen, dass Mitglieder jeweils für ein Kalenderjahr einen Teil der von der Krankenkasse zu tragenden Kosten übernehmen müssen (Selbstbehalt). Die Krankenkasse hat für diese Mitglieder Prämienzahlungen vorzusehen.*
>
> *(2) Die Krankenkasse kann in ihrer Satzung für Mitglieder, die im Kalenderjahr länger als drei Monate versichert waren, eine Prämienzahlung vorsehen, wenn sie und ihre nach § 10 mitversicherten Angehörigen in diesem Kalenderjahr Leistungen zu Lasten der Krankenkasse nicht in Anspruch genommen haben. Die Prämienzahlung darf ein Zwölftel der jeweils im Kalenderjahr eingezahlten Beiträge nicht überschreiten und wird innerhalb eines Jahres nach Ablauf des Kalenderjahres an das*

---

[2] Zahlenbericht der privaten Krankenversicherung 2005 / 2006, herausgegeben vom Verband der privaten Krankenversicherung, S. 30.

[3] A.a.O., S. 17.

[4] In Kraft getreten am 20.04.2007, BGBl. I, S. 554.

Mitglied gezahlt. Die im dritten und vierten Abschnitt genannten Leistungen mit Ausnahme der Leistungen nach § 23 Abs. 2 und den §§ 24 bis 24b sowie Leistungen für Versicherte, die das 18. Lebensjahr noch nicht vollendet haben, bleiben unberücksichtigt.

(3) Die Krankenkasse hat in ihrer Satzung zu regeln, dass für Versicherte, die an besonderen Versorgungsformen nach § 63, § 73b, § 73c, § 137f oder § 140a teilnehmen, Tarife angeboten werden. Für diese Versicherten kann die Krankenkasse eine Prämienzahlung oder Zuzahlungsermäßigungen vorsehen.

(4) Die Krankenkasse kann in ihrer Satzung vorsehen, dass Mitglieder für sich und ihre nach § 10 mitversicherten Angehörigen Tarife für Kostenerstattungen wählen. Sie kann die Höhe der Kostenerstattung variieren und hierfür spezielle Prämienzahlungen durch die Versicherten vorsehen. § 13 Abs. 2 Satz 2 bis 4 gilt nicht.

(5) Die Krankenkasse kann in ihrer Satzung die Übernahme der Kosten für Arzneimittel der besonderen Therapierichtungen regeln, die nach § 34 Abs. 1 Satz 1 von der Versorgung ausgeschlossen sind, und hierfür spezielle Prämienzahlungen durch die Versicherten vorsehen.

(6) am 01.01.2009 in Kraft

(7) am 01.01.2009 in Kraft

(8) Die Mindestbindungsfrist für Wahltarife mit Ausnahme der Tarife nach Abs. 3 beträgt drei Jahre. Abweichend von § 175 Abs. 4 kann die Mitgliedschaft frühestens zum Ablauf der dreijährigen Mindestbindungsfrist gekündigt werden. Die Satzung hat für Tarife ein Sonderkündigungsrecht in besonderen Härtefällen vorzusehen. Die Prämienzahlung an Versicherte darf bis zu 20 vom

Hundert, für einen oder mehrere Tarife einschließlich Prämienzahlungen nach § 242 30 vom Hundert der vom Mitglied im Kalenderjahr getragenen Beiträge mit Ausnahme der Beitragszuschüsse nach § 106 des Sechsten Buches sowie § 257 Abs. 1 Satz 1, jedoch nicht mehr als 600 Euro, bei einem oder mehreren Tarifen einschließlich Prämienzahlungen nach § 242 900 Euro jährlich betragen. Satz 4 gilt nicht für Versicherte, die Teilkostenerstattung nach § 14 gewählt haben. Mitglieder, deren Beiträge vollständig von Dritten getragen werden, können nur Tarife nach Absatz 3 wählen.

(9) Die Aufwendungen für jeden Wahltarif müssen aus Einnahmen, Einsparungen und Effizienzsteigerungen, die durch diese Maßnahmen erzielt werden, finanziert werden. Die Krankenkassen haben regelmäßig, mindestens alle drei Jahre, über diese Einsparungen gegenüber der zuständigen Aufsichtsbehörde Rechenschaft abzulegen."

Von besonderem Interesse ist die Neuregelung in § 53 Abs. 4 SGB V. Danach kann die Krankenkasse in ihrer Satzung erstmals vorsehen, dass Pflichtmitglieder für sich und ihre Angehörigen **Tarife für Kostenerstattung wählen** können. Eine solche Wahlmöglichkeit bestand in der Vergangenheit nicht.

Ergänzend regelt § 13 Abs. 1 SGB V, dass die Krankenkasse anstelle der Sach- oder Dienstleistung (§ 2 Abs. 2) Kosten (nur) erstatten darf, soweit es dieses oder das 9. Buch vorsieht. In § 13 Abs. 2 S. 1 SGB V heißt es sodann: „Versicherte können anstelle der Sach- oder Dienstleistungen Kostenerstattung wählen." Ferner heißt es in § 13 Abs. 2 S. 9 SGB V: „Anspruch auf Erstattung besteht höchstens in Höhe der Vergütung, die die Krankenkasse bei Erbringung als Sachleistung zu tragen hätte."

Diejenigen Versicherten, die nach § 13 SGB V anstelle der Sachleistung Kostenerstattung wählen, können nun, wenn ihre Krankenkasse das in ihrer Satzung vorsieht, einen Tarif wählen, der die Höhe der

Kostenerstattung nicht mehr an die Erbringung der Sachleistung bindet, sondern **variiert** (§ 53 Abs. 4 SGB V).

II. Zur Fragestellung

In einem ersten Schritt ist die Frage zu klären, welchen Inhalt Wahltarife nach § 53 SGB V haben dürfen, ob sie insbesondere inhaltlich wie Zusatzversicherungen im Sinne des § 194 Abs. 1a SGB V ausgestaltet sein dürfen.

Danach wird die Frage beantwortet, ob und inwieweit der deutsche und / oder europäische wettbewerbsrechtliche Ordnungsrahmen die GKV generell oder im Einzelfall hindert, jenseits ihrer sozialrechtlich gebotenen Pflicht des Angebotes einer Krankenvollversicherung Zusatzversicherungen und Wahltarife anzubieten.

In einem ersten Teil wird deshalb die Frage gestellt, ob die Bundesrepublik als Mitgliedstaat der EU unter dem Regime des Art. 86 EG einen sozialrechtlichen Ordnungsrahmen setzen darf, der mit dem deutschen und / oder europäischen wettbewerbsrechtlichen Ordnungsrahmen kollidiert. Hier ist zu prüfen, ob der deutsche Gesetzgeber unter dem Dach des europäischen Wettbewerbsrechts insbesondere nach Art. 86 EG gehindert war, Normen in das SGB V einzuführen, die es der GKV erlauben, mit oder ohne staatliche Genehmigung generell oder im Einzelfall Zusatzversicherungen und Wahltarife anzubieten.

In einem zweiten Teil wird dann der Frage nachgegangen, ob das geltende europäische und nationale Wettbewerbsrecht schon jetzt bestimmte Verhaltensweisen untersagt. Hierzu bedarf es in einer ersten Stufe der Klärung, ob und inwieweit die GKV als Unternehmen anzusehen ist, das auf einem Markte und, wenn dieses zu bejahen wäre, auf welchem, tätig ist. Hier wird in erster Linie auf die Rechtsprechung des Europäischen Gerichthofes Bezug zu nehmen sein.

Ist die Unternehmenseigenschaft zu bejahen, ist eine sachliche und räumliche Marktabgrenzung vorzunehmen, um diejenigen Märkte zu finden, auf denen die GKV und die PKV miteinander im Wettbewerb stehen. Nach der Marktabgrenzung ist zu prüfen, ob die GKV als marktbeherrschendes Unternehmen im Sinne einer Adressateneigenschaft nach § 19 GWB und Art. 82 EG auf einem der sachlich und räumlich abgegrenzten Märkte anzusehen ist.

Wenn und soweit dieses der Fall ist, muss geprüft werden, ob Handlungsweisen der GKV unter die genannten Vorschriften zu subsumieren sind. Hierfür wird zunächst unterstellt, dass ein tatsächlich erfolgendes Angebot von Zusatzversicherungen und Wahltarifen durch die GKV nach dem SGB V möglicherweise zulässig ist.

Schließlich sind die gefundenen Ergebnisse aus der Perspektive des deutschen Verfassungsrechts (Teil E) und aus der Perspektive des nationalen Lauterkeitsrechts (Teil G) auf ihre Konformität zu untersuchen.

Für alle Teile der Untersuchung ist der Status der GKV von Bedeutung. Es soll deshalb vor Eintritt in die Untersuchung der Frage nachgegangen werden, ob die GKV als ein einheitliches Unternehmen im Sinne einer wirtschaftlichen Einheit anzusehen ist oder in Einzelunternehmen zerfällt.

B. Die gesetzlichen Krankenkassen als wirtschaftliche Einheit

Formal betrachtet zerfällt die GKV zwar in eine Reihe von juristisch selbstständigen Personen, die allerdings einheitlich nach den gesetzlichen Vorgaben des SGB V tätig werden. Alle gesetzlichen Krankenkassen werden deshalb aus folgenden Gründen als wirtschaftliche Einheit betrachtet:

- die Abgrenzung des versicherungspflichtigen Personenkreises gilt für alle Kassen;
- das SGB V regelt für alle Kassen umfassend die Leistungen und die Beziehungen zu den Leistungsträgern;
- alle Kassen bedürfen einer Genehmigung zur Aufnahme ihrer Tätigkeit, für die die gleichen gesetzlichen Voraussetzungen gelten, und unterliegen einer gleichen materiellen Kontrolle durch die Aufsichtsinstanzen hinsichtlich ihrer fortlaufenden Tätigkeit;
- alle Kassen sind in Landesverbänden, Bundesverbänden und letztlich in dem Spitzenverband „Bund der Krankenkassen" zu einem gemeinsamen Auftreten aufgerufen;
- für alle Kassen gelten angenäherte Beitragssätze der Versicherten, wobei der Weg in die totale Vereinheitlichung durch die beabsichtigte Einführung des zentralen Beitragsfonds des zentralen Bundesverbandes vorgezeichnet ist;

- die Verwendung der Mittel ist gesetzlich festgelegt;
- das Solidarprinzip gilt nicht nur für die Versicherten, sondern über den Risiko- und Strukturausgleich der Kassen untereinander auch für die Kassen selbst; deshalb spielt auch die Möglichkeit der verschiedenen Kassen, individuelle Beiträge ihren Versicherten innerhalb einer schmalen Marge abzuverlangen, keine ausschlaggebende Rolle, selbst wenn man dies rein theoretisch als Wettbewerb bezeichnen würde.

Die Kassen bilden außerdem ein Kollektiv oder eine Gruppe von Unternehmen, deren Tätigkeit durch Gesetz derart egalisiert ist, dass bei Vorliegen der anderen Voraussetzungen diese Gruppe von Unternehmen sowohl als wettbewerbliche Einheit als auch als marktbeherrschend angesehen werden kann, denn sowohl nach Art. 82 EG als auch nach § 19 GWB können ein Unternehmen, aber auch mehrere Unternehmen zusammen, marktbeherrschend sein. Die nachfolgende Prüfung trennt deshalb nicht, ob die GKV als Einheit oder als einheitlich handelnde Gruppe von Unternehmen anzusehen ist, denn in beiden Fällen würde die GKV Normenadressat für den Art. 82 EG und den § 19 GWB sein.

Hiervon ausgehend wird nun zunächst einmal untersucht, welche Handlungsalternativen der neue § 53 SGB V der GKV im Bereich von Wahltarifen und Zusatzversicherungen eigentlich einräumt. Die Analyse wird zeigen, dass eine strikte Abgrenzung zwischen Wahltarifen einerseits und Zusatzversicherungen andererseits im Gesetz angelegt ist mit der Folge, dass die GKV zwar Wahltarife, nicht aber Zusatzversicherungen im Sinne des § 194 Abs. 1a SGB V anbieten darf. Hiervon ausgehend erweisen sich alle weiteren Erwägungen der vorliegenden Studie als ergänzend und die Auslegung unterstützend. Insbesondere die europarechtlichen und die wettbewerbsrechtlichen Implikationen werden aber zeigen, dass die Genehmigung von Wahltarifen unter dem Vorbehalt des europäischen Rechts und des deutschen Wettbewerbsrechts stehen, sodass eine beide Rechtsmaterien verletzende Genehmigung von Wahltarifen den Rechtsweg vor den Kartellgerichten einerseits und vor dem Europäischen Gerichtshof andererseits (Art. 234 EG) eröffnet.

C. Abgrenzung von Wahltarifen nach § 53 SGB V und Zusatzversicherungen

I. Die Grundsätze der gesetzlichen Regelung im SGB V

Die Krankenkassen können nach dem novellierten Wortlaut des § 53 SGB V Wahltarife einführen. Teilweise **können** sie dies in ihrer Satzung vorsehen, teilweise **müssen** sie dies in ihrer Satzung vorsehen. Selbstbehalttarife (§ 53 Abs. 1 SGB V), Kostenerstattungstarife (§ 53 Abs. 4 SGB V), Beitragsrückerstattungstarife (§ 53 Abs. 2 SGB V) und Tarife für die Zuwahl bestimmter Arzneimittel (§ 53 Abs. 5 SGB V) **kann** die Krankenkasse in ihrer Satzung verankern. Das Angebot ist also **freiwillig**. Demgegenüber sind Tarife für Versicherte, die an besonderen Versorgungsformen teilnehmen, zwingend in der Satzung zu regeln (§ 53 Abs. 3 SGB V). Das wird auch für Krankengeldtarife ab 2009 für Mitglieder ohne gesetzlichen Krankentagegeldanspruch so sein.

Im Vergleich dazu sind **Zusatzversicherungen** von § 53 SGB V wörtlich nicht umfasst, sie unterfallen § 194 Abs. 1a SGB V. Danach kann die Satzung eine Bestimmung enthalten, nach der die Krankenkasse den Abschluss privater Zusatzversicherungsverträge zwischen ihren Versicherten und privaten Krankenversicherungsunternehmen vermitteln kann. Gegenstand dieser Verträge können insbesondere die Wahlarztbehandlung im Krankenhaus, der Ein- oder

Zweibettzuschlag im Krankenhaus sowie eine Auslandsreisekrankenversicherung sein (so der Wortlaut von § 194 Abs. 1a SGB V).

Im Entwurf des GKV-Modernisierungsgesetzes heißt es, dass die Versicherten als Ergänzung zu den Leistungen in der gesetzlichen Krankenversicherung in Zukunft über ihre Krankenkasse günstigere Angebote zum Abschluss von privaten Zusatzversicherungen erhalten. Hierzu wird den Kassen die Kooperation mit den privaten Krankenversicherungsunternehmen ermöglicht.[5]

Das SGB V unterscheidet also präzise zwischen Zusatzversicherungen auf der einen Seite und Wahltarifen auf der anderen Seite. Aus dieser präzisen Differenzierung folgt zunächst einmal, dass der Regelungsbereich des § 53 SGB V (Wahltarife) den Regelungsbereich der Zusatzversicherungen (§ 194 Abs. 1a SGB V) nicht berührt. Wahltarife sind folglich etwas anderes als Zusatzversicherungen. Das ergibt sich zum einen aus dem Wortlaut des § 194 Abs. 1a SGB V, der den Krankenkassen die Möglichkeit eröffnet, den Abschluss **privater** Zusatzversicherungsverträge zwischen ihren Versicherten und privaten Krankenversicherungsunternehmen zu vermitteln. Wenn und soweit es um **private** Zusatzversicherungsverträge geht, können diese nicht zugleich Gegenstand des sozialrechtlichen Verhältnisses zwischen der GKV und ihren Versicherten sein.

Hinzu kommt, dass § 194 Abs. 1a SGB V bereits in Kraft war, als die Regelungen über die jetzigen Wahltarife in § 53 SGB V durch das GKV-WSG eingeführt wurden. Dem Gesetzgeber ging es bei der Einführung dieser Wahltarife nicht darum, den Anwendungsbereich des § 194 Abs. 1a SGB V zu kürzen. Dafür gibt es keinerlei Hinweise im Gesetzestext und in der Gesetzesbegründung. Vielmehr heißt es in der Gesetzesbegründung: „Die Wahlfreiheit für Versicherte in der gesetzlichen Krankenversicherung soll erhöht werden. Sie ist Voraussetzung für mehr Transparenz und Wettbewerb zwischen den

---

[5] Entwurf des Gesetzes zur Modernisierung der gesetzlichen Krankenversicherung (GMG-E) vom 5. September 2003, S. 2004.

Krankenkassen."[6] Es heißt nicht, dass in den Wettbewerb zwischen der GKV und der PKV eingegriffen werden soll. Es geht vielmehr um den GKV-internen „sozialrechtlichen" Wettbewerb zwischen den Krankenkassen selbst. Da Krankenkassen nach § 30 Abs. 1 SGB IV keine Zusatzversicherungen anbieten dürfen[7], kann es in § 53 SGB V nur um jenen Leistungsumfang gehen, der für die Krankenkassen durch § 13 SGB V vorbestimmt ist.

Die gesetzliche Begründung zu § 53 SGB V lässt hieran auch keinen Zweifel. Die **Selbstbehalttarife** werden ebenso wie die Regelung zur Beitragsrückerstattung zwar für Pflichtversicherte *geöffnet*, sie ändern aber am Leistungsumfang der GKV nichts. Den Pflichtversicherten wird – ebenso wie früher schon den freiwillig Versicherten – ein Anreizsystem zur Kostendämpfung zur Verfügung gestellt. Sie können ihre Prämienzahlung verringern, indem sie einen Selbstbehalt akzeptieren oder eine Beitragsrückerstattung für den Fall vereinbaren, dass sie relativ geringfügig ärztliche Leistungen in Anspruch genommen haben.

Für spezielle Versorgungsformen (§ 53 Abs. 3 SGB V) hat die Krankenkasse spezielle Tarifgestaltungen anzubieten. Dies betrifft – so die Gesetzesbegründung – Modellvorhaben wie hausarztzentrierte Versorgung, Tarife mit Bindung an bestimmte Leistungserbringer, DMPs und die integrierte Versorgung.[8] Die Krankenkasse kann Prämienzahlungen oder Zuzahlungsermäßigungen mit dem Tarif verbinden. Auch diese auf spezielle Versorgungsformen zugeschnittenen Tarife ändern den Leistungsumfang der gesetzlichen Krankenversicherung nicht. Es geht bei den speziellen Versorgungsformen nicht etwa um Zusatzversicherungen oder um die Erhöhung des Leistungsumfangs, sondern es geht ausschließlich darum, die Versicherten anzuregen, bestimmte (preisgünstige) und damit ihre Prämie

---

6 BT-Drucks. 16/3100, S. 108.

7 So BGH NJW 1995, 2352 *Sterbegeldversicherung*.

8 BT-Drucks. 16/3100, S. 108.

vermindernde Versorgungsformen mit Modellcharakter wahrzunehmen.

Dies gilt auch für die Kostenerstattung nach § 53 Abs. 4 SGB V. Beispielsweise wäre es möglich, dem Versicherten den 2,3-fachen Satz nach GOÄ (Gebührenordnung für Ärzte) / GOZ (Gebührenordnung für Zahnärzte) zu erstatten. Für die Mehrkosten, die dies gegenüber Sachleistungen bedeutet, muss die Kasse eine entsprechend kalkulierte Prämienzahlung der Versicherten einfordern.[9] Mit der Einführung dieser Art von Wahltarifen soll die **Höhe** der Kostenerstattung variabel gestaltet werden. Demgegenüber sollen der **Umfang und Inhalt** der Leistungen aus der GKV nicht verändert werden. Der Kostenerstattungstarif nach § 53 Abs. 4 SGB V ermöglicht es den Versicherten der GKV, gegen entsprechende Prämienzahlung einen Anspruch auf Kostenerstattung zu erlangen, der der Höhe nach über den von § 13 SGB V vorgegebenen Rahmen hinausgeht. Er kann folglich wie ein **Privatpatient** auftreten und – je nach Tarifgestaltung – anschließend z. B. den 3,5-fachen GOÄ-Satz mit seiner Krankenkasse abrechnen. Der Leistungsumfang der GKV ist dadurch nicht verändert, auch dürfen nur zugelassene Leistungserbringer in Anspruch genommen werden.

In der Praxis funktioniert ein Wahltarif dieser Art z.B. wie folgt:[10] „Wer den Tarif TK-Privatpraxis wählt, kann ambulante ärztliche Leistungen wie ein Privatversicherter in Anspruch nehmen. Die Kosten der Behandlung werden nicht über die Krankenversicherungskarte abgerechnet. Stattdessen erhalten die Patienten vom Arzt eine Rechnung, die sie bei der TK einreichen. Die TK erstattet 90 % der erstattungsfähigen Kosten. Der verbleibende Eigenanteil von zehn Prozent ist auf 400 Euro im Jahr begrenzt. Ärzte können ihre Leistungen nach der Gebührenordnung der Ärzte (GOÄ) in Rechnung stellen. Die TK übernimmt die Kosten für die Leistungen, die

---

9 BT-Drucks. 16 / 3100, S. 108 / 109.

10 Beispiel TK-Privatpraxis: http://www.tk-online.de/centaurus/generator/tk-online.de/01_gut_versichert/10_wahltarife/01_attraktive_angebote/att.

zum Leistungskatalog der gesetzlichen Krankenversicherung gehören, bis zum maximal 3,5-fachen des einfachen Gebührensatzes der GOÄ. Für diese Art der Höherversicherung zahlen die Teilnehmer eine monatliche Prämie an die TK, die nach dem Alter gestaffelt ist. Nehmen die Versicherten ein Jahr lang keine Leistungen in Anspruch, erhalten sie einen Teil ihrer gezahlten Prämien zurück."[11]

Ausgehend von diesen Grundsätzen dürfte es an sich keinen Zweifel daran geben, dass die in § 53 Abs. 4 SGB V eingeführten neuen Kostenerstattungstarife jedenfalls am **Leistungsumfang** der GKV nichts ändern (sollten). Vielmehr wollte der Gesetzgeber der GKV die Möglichkeit verschaffen, für die bei ihr pflicht- und freiwillig Versicherten die Kostenerstattung wie bei einem **Privatpatienten** einzuführen. Durch die Einführung dieses Wahltarifes sollte die „Wettbewerbsposition der gesetzlichen Krankenversicherung gegenüber der privaten Krankenversicherung" **gestärkt** werden.[12] In der Tat ist die Wettbewerbsposition der GKV gegenüber der PKV durch die Einführung dieser Kostenerstattungstarife gestärkt. Denn der GKV-Versicherte kann nunmehr den Leistungserbringern gegenüber die Abrechnung wie ein Privatpatient offerieren. Damit besteht für den GKV-Versicherten, der über den Wechsel in die Krankenvollversicherung der PKV nachdenkt (das könnte ein freiwillig Versicherter tun), ein Anreiz, in der GKV zu bleiben. Er genießt auf diese Weise den vollen Leistungsumfang der GKV. Er kauft sich über einen Wahltarif nach § 53 Abs. 4 SGB V den Kostenerstattungsanspruch wie ein privat Versicherter und schließt daneben private Zusatzversicherungen bei der PKV ab, die er für zweckmäßig und sinnvoll hält. Eine sich an dieser Stelle ergebende Frage wäre die nach der Verfassungsmäßigkeit des § 53 Abs. 4 SGB V: Die durch diese Vor-

---

[11] Ob dieser im Internet so dargestellte Tarif vom Bundesversicherungsamt bereits genehmigt ist, ist hier nicht bekannt; zu den neuen Wahltarifen ansonsten Beckschäfer, Die Wahltarife nach § 53 SGB V in der Aufsichtspraxis des Bundesversicherungsamtes, Die Ersatzkasse 2007, S. 233 ff; da die TK den Tarif im Internet anbietet, wird unterstellt, dass er vom Bundesversicherungsamt so genehmigt wurde.

[12] BT-Drucks. 16/3100 vom 24.10.2006, S. 109.

schrift eingeführte Möglichkeit des GKV-Versicherten, vom in der GKV üblichen Sachleistungsprinzip in das der PKV eigene Kostenerstattungsprinzip zu wechseln, ist systemwidrig und wirkt entsolidarisierend. Sie war für GKV-Versicherte bisher schon über den Abschluss einer zusätzlichen Versicherung in der PKV zu erreichen. Ob diese Systemveränderung verfassungsgemäß ist, soll an dieser Stelle aber nicht näher geprüft werden.

II. Zur Interpretation durch das Bundesversicherungsamt

Diese vom Gesetzgeber vorgesehene präzise Abgrenzung zwischen Wahltarifen auf der einen und Zusatzversicherungen auf der anderen Seite ist durch ein Rundschreiben des Bundesversicherungsamtes vom 13. März 2007[13] infrage gestellt worden. Ganz im Sinne der eben vorgestellten präzisen Abgrenzung zwischen Wahltarifen und Zusatzversicherungen bemerkt das Bundesversicherungsamt unter Ziff. 5 (S. 6): „Der Tarif soll also keine Leistungsausweitung beinhalten, sondern kann <u>allein die Höhe der Kostenerstattung</u> variieren." Das Bundesversicherungsamt führt dann aber fort: „Keine Leistungsausweitung in diesem Sinne stellt u. E. das Angebot eines Kostenerstattungstarifs für ‚Chefarztbehandlung und Zwei-Bett-Zimmer' (in zugelassenen Krankenhäusern) dar, weil ärztliche Behandlung und Unterbringung Bestandteile der Krankenhausbehandlung sind." Zugleich behält sich das Bundesversicherungsamt eine ergänzende Positionsbeschreibung zu den angesprochenen Punkten vor.

Der Bundestagsabgeordnete Daniel Bahr (FDP) hat die Bundesregierung im April 2007 gefragt, ob sie die Auffassung des Bundesversicherungsamtes zu dieser Frage teile. Die Bundesregierung hat über ihre Parlamentarische Staatssekretärin Marion Caspers-Merk am 23. April 2007 geantwortet, dass sie die Rechtsauffassung des Bundesversicherungsamtes, wonach der Kostenerstattungstarif nach § 53

---

[13] AZ II 1-4927.6-3709//2006.

Abs. 4 SGB V, soweit er für stationäre Leistungen gewählt wird, auch Chefarztbehandlung und Zweibettzimmer im Krankenhaus beinhalten dürfe, für **vertretbar** halte. Die Leistung stelle letztlich lediglich eine höher vergütete Variante der GKV-Leistung „Krankenhausbehandlung“ und keine Ausweitung des Leistungskatalogs der gesetzlichen Krankenversicherung dar.[14]

Diese Interpretation von § 53 Abs. 4 SGB V durchbricht die präzise Abgrenzung zwischen Wahltarifen und Zusatzversicherungen. Sie widerspricht aber zugleich der Systematik und vor allem dem Wortlaut des SGB V selbst. Denn nach dem Wortlaut von § 194 Abs. 1a SGB V können Gegenstand von privaten Zusatzversicherungsverträgen insbesondere die Wahlarztbehandlung im Krankenhaus, der Ein- oder Zweibettzuschlag im Krankenhaus sowie eine Auslandsreisekrankenversicherung sein. Damit sind die Chefarztbehandlung und das Zweibettzimmer sozialrechtlich **zwingend** Zusatzversicherungen, die nach dem Wortlaut und Sinn und Zweck des § 194 Abs. 1a SGB V den privaten Krankenversicherern zugewiesen sind. Es handelt sich im Gegensatz zur Auffassung der Bundesregierung auch nicht lediglich um eine höher vergütete Variante der GKV-Leistung „Krankenhausbehandlung“. Die GKV-Leistung umfasst im Rahmen der Krankenhausbehandlung weder das Zweibettzimmer noch die Chefarztbehandlung. Der GKV-Versicherte könnte diese Behandlung also im Rahmen des Leistungsumfangs des § 13 SGB V nicht verlangen. Eine Kostenerstattung nach der GOÄ würde ihm insoweit nichts nützen, weil er die Leistung nicht über die GKV, sondern nur über eine Zusatzversicherung beziehen könnte. Chefarztbehandlung und Zweibettzuschlag beinhalten also eine gravierende Ausweitung des Leistungskatalogs der gesetzlichen Krankenversicherung. Wenn das nicht so wäre, so müssten die Chefarztbehandlung und das Zweibettzimmer als Teil der GKV-Leistung (nur schlechter vergütet) nach dem SGB V geschuldet sein. Das ist aber nicht der Fall.

Hiervon ausgehend, ist zunächst einmal festzuhalten, dass nach dem GKV-WSG Kostenerstattungstarife nach § 53 Abs. 4 SGB V nur auf

---

[14] BT-Drucks. 16/5166 vom 27.04.2007 S. 30-32.

der Basis von Leistungen möglich sind, die von der GKV bereits angeboten werden. Eine Leistung, die von der GKV nicht angeboten wird – wie etwa Zweibettzimmer / Chefarztbehandlung / Auslandsreisekrankenversicherung –, fällt nicht in den Anwendungsbereich des § 53 Abs. 4 SGB V, sodass insoweit die Verankerung eines Kostenerstattungstarifes in der Satzung von vornherein ausscheidet. Die Logik des § 53 Abs. 4 SGB V ist also sehr einfach: Leistungen, die von der GKV geschuldet sind, werden, wenn sie von einem Privatpatienten in Anspruch genommen werden, gegenüber den Leistungserbringern besser vergütet. Diese höhere Vergütung kann Gegenstand eines Kostenerstattungstarifes nach § 53 Abs. 4 SGB V sein. Das GKV-Mitglied kann folglich nach dem Wortlaut des § 53 Abs. 4 SGB V für sich und seine mitversicherten Angehörigen aus der Gesamtleistung der GKV herausgehobene „*Tarife für Kostenerstattungen*" wählen. Mit Blick auf diese – für die GKV sonst untypischen – Tarife darf die GKV „*die Höhe der Kostenerstattung variieren und hierfür spezielle Prämienzahlungen durch die Versicherten vorsehen.*" Das heißt, ein Teil des Leistungsumfanges der GKV wird in *Wahltarifen* abgebildet, damit die GKV-Mitglieder die Möglichkeit bekommen, wie ein Privatpatient abrechnen zu dürfen. Daneben ist allerdings die Ausweitung des Leistungsumfanges nach dem Sinn und Zweck des § 53 Abs. 4 SGB V nicht möglich, denn dies würde bedeuten, dass die GKV auf dem Umweg über § 53 Abs. 4 SGB V Leistungen anbieten dürfte, die sie nach § 30 Abs. 1 SGB IV nicht anbieten darf.

Nach § 30 Abs. 1 SGB IV dürfen Versicherungsträger nur Geschäfte zur Erfüllung ihrer gesetzlich vorgeschriebenen oder zugelassenen Aufgaben führen und ihre Mittel nur für diese Aufgaben sowie die Verwaltungskosten verwenden. Aus diesem Grund hat der BGH am 19. Januar 1995 entschieden, dass Krankenkassen, die ihren Mitgliedern nach dem Wegfall bzw. der Kürzung des Sterbegeldes (§§ 58, 59 SGB V) im Zusammenwirken mit einer von ihnen gegründeten Ersatzkassengemeinschaft sowie einem Konsortium von Lebensversicherungsgesellschaften auf der Grundlage eines Gruppenlebensversicherungsvertrages eine entsprechende Zusatzsterbegeldversicherung anbieten, nicht mehr im Rahmen des ihnen zugewiesenen Aufgabenbereiches (§ 30 Abs. 1 SGB IV) handeln. Damit stellte der BGH klar, dass die Krankenkassen mit dieser Vermittlungstätigkeit den ihnen nach § 30 Abs. 1 SGB V zugewiesenen Aufgabenbereich überschritten.[15]

Die Möglichkeit der Vermittlung solcher Zusatzversicherungen hat der Gesetzgeber inzwischen – in Reaktion auf dieses BGH-Urteil – den Krankenkassen eröffnet. Sie dürfen nach § 194 Abs. 1a SGB V zugunsten ihrer Versicherten private Zusatzversicherungsverträge vermitteln. Aber – und das ist durch § 194 Abs. 1a SGB V absolut klargestellt – mehr als *vermitteln* dürfen sie nicht. Daraus folgt im Umkehrschluss, dass das weit über das Vermitteln hinausgehende **Anbieten** von Zusatzversicherungen, wie etwa der Chefarztbehandlung, dem Zweibettzimmerzuschlag oder der Auslandsreisekrankenversicherung, nach § 30 Abs. 1 SGB IV den Krankenkassen nach wie vor verboten ist.

Etwas anderes wollte § 53 Abs. 4 SGB V nicht regeln, wie die Gesetzesbegründung zeigt. Hätte der Gesetzgeber an dieser Stelle das Regelungskonzept zwischen Wahltarifen auf der einen und Zusatzversicherungen auf der anderen Seite aushebeln wollen, so hätte er nicht nur in der Gesetzesbegründung hierauf hinweisen müssen, sondern er hätte in das Gesetz eine Klarstellung über das Verhältnis zwischen dem **Anbieten** und dem **Vermitteln** von Zusatzversicherungen aufnehmen müssen. Denn es können nicht zwei Rechtspositionen nebeneinander bestehen, die eine, die die Möglichkeit des Vermittelns einer Zusatzversicherung beinhaltet, und die andere, die diese Möglichkeit aushebelt, indem sie das **Anbieten** derselben Zusatzversicherung seitens der GKV eröffnet. Einen derart massiven Eingriff in das Tätigkeitsfeld der GKV auf der einen und der PKV auf der anderen Seite hätte der Gesetzgeber schon aus Gründen der Klarheit und Bestimmtheit, aber auch wegen der damit verbundenen verfassungsrechtlichen Fragen (Eingriff in die Berufs- und Eigentumsfreiheit) regeln müssen.

---

15 BGH NJW 1995, 2352 ff.

III. Schlussfolgerungen

Im Ergebnis ist deshalb festzuhalten, dass die Grenze zwischen Wahltarifen nach § 53 SGB V und Zusatzversicherungen nach § 194 Abs. 1a SGB V nach wie vor klar und präzise verläuft. Wahltarife können diese Grenze nicht überschreiten. Das gilt auch für Kostenerstattungstarife nach § 53 Abs. 4 SGB V. Sie können den Leistungsumfang der GKV nach § 13 SGB V nicht verändern und ausweiten, sondern **nur der Höhe nach variieren**. Gegenstand eines Kostenerstattungstarifs nach § 53 Abs. 4 SGB V können folglich nur jene Leistungen sein, die vom Leistungskatalog der GKV umfasst sind. Leistungen, die nicht in den Leistungskatalog hineinfallen, wie etwa die Chefarztbehandlung, der Ein- / Zweibettzuschlag oder die Auslandsreisekrankenversicherung, können folglich nicht Gegenstand eines Wahltarifes sein, weil es bei diesen Leistungen nicht um eine Variation der Höhe, sondern um eine Veränderung des Leistungsinhalts geht.

Eine völlig andere – hiervon strikt zu trennende – Frage ist die, in welchem Umfang eigentlich die GKV zulässig Zusatzversicherungen anbieten darf. Insoweit hat sich der Gesetzgeber nur beispielhaft geäußert, indem er in § 194 Abs. 1a SGB V **insbesondere** auf die Wahlarztbehandlung im Krankenhaus, den Ein- oder Zweibettzuschlag im Krankenhaus sowie auf die Auslandsreisekrankenversicherung verweist. Darüber hinaus gehören zu den typischen Zusatzversicherungen etwa Zahnersatz, Krankenhaustagegeld, Heilpraktikerleistungen, Leistungen für Naturheilverfahren und so genannte IGEL-Leistungen, also individuelle Gesundheitsleistungen, die Ärzte den Patienten gegen Bezahlung anbieten, sowie bestimmte Leistungen bei der Sterilisation und der künstlichen Befruchtung, bei der Versorgung mit Sehhilfen, bei nicht verschreibungspflichtigen Arzneimitteln oder bei Taxi- und Mietwagenfahrten. In diesen Bereichen ist nämlich der Umfang des gesetzlichen Krankenversicherungsschutzes durch das Gesetz zur Modernisierung der gesetzlichen

Krankenversicherung zum 1. Januar 2004 eingeschränkt worden.[16] Das Gleiche gilt für Praxisgebühren oder für Zuzahlungsregelungen bei Arzneimitteln – immer handelt es sich um Leistungen, die von der GKV nicht zur Verfügung gestellt werden.

Hinweise zu den Grenzen der privaten Krankenversicherung kann man den Musterbedingungen für die Krankheitskosten- und Krankenhaustagegeldversicherung (MB / KK 94) entnehmen.[17] Dort heißt es: „Der Versicherer bietet Versicherungsschutz für Krankheiten, Unfälle und andere im Vertrag genannte Ereignisse." Als Versicherungsfall ist die medizinisch notwendige Heilbehandlung einer versicherten Person wegen Krankheit oder Unfallfolgen definiert (§ 1 Abs. 2 MB / KK 94). Zentral wird an den Begriff „Krankheit" geknüpft. Der Begriff ist allerdings weder im Gesetz noch in den MB / KK definiert. Er ist deshalb auch nicht deckungsgleich mit dem Begriff der Krankheit in der gesetzlichen Krankenversicherung. Daraus ergeben sich Spielräume für Zusatzversicherungen, die einen Bezug zur gesetzlichen Krankenversicherung, und zwar auch dann haben, wenn dort keine ausdrückliche Leistungsverminderung vorgenommen wird, sondern wenn dort eine bestimmte Leistung gar nicht oder nur begrenzt angeboten wird.

Im vorliegenden Zusammenhang geht es aber nicht um die Frage, in welchem Umfang die PKV eigentlich Zusatzversicherungen im Rahmen von Kooperationsvereinbarungen nach § 194 Abs. 1a SGB V über die GKV anbieten darf, sondern um die völlig andere Frage, wann die GKV die Grenze zur Zusatzversicherung überschreitet, wann sie also keinen Wahltarif mehr nach § 53 SGB V, sondern stattdessen eine Zusatzversicherung selbst anbietet. Diese Grenze ist eindeutig definiert: Immer dann, wenn die GKV eine Leistung anbietet, die der Leistungserbringer ihr gegenüber nach dem Leistungs-

---

[16] Vertiefend *Schwintowski*, Vermittlung privater Zusatzversicherungen durch gesetzliche Krankenversicherer nach § 194 Abs. 1a SGB V, VersWissStud, Bd. 29, S. 213, 222 ff.

[17] Abgedruckt bei *Prölss / Martin*, VVG, 27. Aufl., S. 1806 ff.

katalog der GKV nicht abrechnen konnte und durfte (z.B. Zweibettzimmerzuschlag oder Chefarztbehandlung), ist die Grenze zur Zusatzversicherung überschritten, denn die eben angesprochenen Leistungen sind in der GKV nicht Gegenstand des Leistungskataloges.

Schließlich ist – die Verfassungsmäßigkeit der Vorschrift unterstellt – bei der Auslegung von § 53 Abs. 4 SGB V diejenige vorzuziehen, mit deren Hilfe es möglich wird, die Abgrenzung zwischen Wahltarifen und Zusatzversicherungen ohne Verstoß gegen entgegenstehende Wertungen des Kartellrechts, des europäischen Rechts und des Unlauterkeitsrechts vorzunehmen. Die nachfolgenden Überlegungen werden zeigen, dass das Eindringen der GKV in die Märkte für Zusatzversicherungen mit Art. 86 EG kollidiert, dass darüber hinaus die von Art. 82 EG / § 19 GWB gezogenen Grenzen überschritten sind und ein Behinderungsmissbrauch auch im Sinne von § 3 UWG vorliegt. Diese Einflüsse verschiedener auf das Sozialrecht zurückwirkender Institutionen sind im Sinne einer rechtsfehlerfreien Aufsicht bei der Interpretation der Rechtsbegriffe des § 53 SGB V zu berücksichtigen. Das Bundesversicherungsamt und die Landesaufsichtsämter sind aus der Perspektive der **Einheit der Rechtsordnung** daran gebunden, eine rechtsfehlerfreie Genehmigung satzungsrechtlich angestrebter Tarife zu erreichen, und haben daher im Rahmen des ihnen zur Verfügung stehenden Beurteilungsspielraums jene begriffliche Interpretation zu wählen, die europarechts- und wettbewerbsrechtskonform ist. Eine in diesem Sinne europarechts- und wettbewerbsrechtskonforme Interpretation des Begriffs Wahltarif nach § 53 SGB V gebietet eine Beschränkung von Kostenerstattungstarifen auf solche Formen, die ausschließlich die Höhe des Leistungsumfanges der GKV variieren, aber nicht ihren Leistungsumfang verändern.

D. Verstoß gegen Art. 86 EG-Vertrag

I. Vorbemerkung

Die folgenden Überlegungen gehen zunächst einmal davon aus, dass Wahltarife im Sinne des § 53 SGB V zwei verschiedenen Gruppen von Versicherten angeboten werden können. Auf der einen Seite sind es die freiwillig Versicherten in der Krankheitsvollversicherung, denen in Zukunft Wahlmöglichkeiten nach § 53 SGB V eröffnet werden, und auf der anderen Seite sind es die „typischen" Mitglieder der GKV, die in dieser pflichtversichert sind und denen ebenfalls die Wahlmöglichkeiten nach § 53 SGB V eingeräumt werden. Für beide Gruppen werden zunächst einmal die Grundsätze und Ziele von Art. 86 EG dargestellt.

Danach wird untersucht, wie sich die Anwendung von Art. 86 EG auf **freiwillig Versicherte** in der Krankheitsvollversicherung der GKV auswirkt. Hierbei wird sich zeigen, dass der Gesetzgeber mit dem GKV-WSG sozialrechtliche Elemente in ein wettbewerbsrechtlich funktionierendes System getragen hat, die mit dem europäischen Recht nicht mehr vereinbar sind. Diese Überlegungen gehen weit über § 53 SGB V hinaus und legen die europarechtliche Problematik eines wesentlichen Teils des GKV-WSG offen. Es wird deutlich werden, dass der deutsche Gesetzgeber nicht beides haben kann: ein am Wettbewerb orientiertes funktionsfähiges System der privaten Krankenversicherung und zugleich eine ganze Fülle sozialrechtlicher Implikationen, die den Wettbewerb innerhalb dieses Systems verfälschen und damit letztlich zum Zusammenbruch führen werden.

Der nationale Gesetzgeber wird sich entscheiden müssen: Entweder, er will – für bestimmte Personenkreise – ein auf Solidarität beruhendes, im Wesentlichen steuer- und umlagefinanziertes Pflichtversicherungssystem oder aber er will – möglicherweise für einen Teil dieser Personen – ein nach individuellen Risikoklassen tarifiertes Privatversicherungssystem, das wettbewerblich funktioniert. Beides geht nicht, d. h. das, was der Gesetzgeber mit dem GKV-WSG derzeit versucht, nämlich das Prinzip Wettbewerb mit dem Prinzip Regulierung zu vereinigen, ist rechtlich und ökonomisch nicht möglich.

Allerdings zeigen die Versuche des nationalen Gesetzgebers, wettbewerbliche Elemente in die GKV hineinzutragen, auch, dass die GKV zunehmend einem Schweizer Käse ähnelt. Die auf systeminternen Wettbewerb gerichteten und damit tendenziell regulierungsfreien Inseln innerhalb der GKV werden inzwischen so groß, dass man die Frage stellen kann, ob die deutsche GKV eigentlich noch ein Sozialversicherungssystem oder bereits ein Versicherungssystem mit Orientierung am individuellen Risiko im äußeren Mantel einer sich zunehmend privatisierenden GKV ist.

Der nationale Gesetzgeber sollte sich klar sein, dass er dann, wenn er den vom GKV-WSG vorgezeichneten Weg in Zukunft womöglich verstärkt geht, geradezu notwendig die Frage provoziert, ob ein solches System tatsächlich noch ein *Sozialversicherungssystem* im europarechtlichen Sinne ist oder ob es nicht vielmehr bereits ein *wirtschaftlich tätiges* Unternehmen im Sinne von Art. 86 EG ist mit der Folge der Anwendung der Wettbewerbsregeln, der Beihilferegeln und der Dienstleistungsfreiheit auf dieses System. Man kann dies wollen mit der Folge, dass ein solches System dann auch berechtigt wäre, jede Art von Leistungsausweitung in Form von Zusatzversicherungen (wie in der PKV) anzubieten. Man muss sich nur im Klaren darüber sein, dass ein solcher Systemwandel zur Folge hätte, dass es in Deutschland die Differenzierung zwischen GKV und PKV nicht mehr gäbe. Am Ende eines solchen Systemwechsels stünde eine einheitliche allgemeine private Krankenversicherung mit Versicherungszwang für alle Bürger/ innen nach den Grundsätzen der PKV.

Es ist nicht die Aufgabe der hier vorliegenden Untersuchung, zu der Frage Stellung zu nehmen, ob ein solcher Systemwandel rechtlich und ökonomisch möglich und politisch erwünscht ist. Im Rahmen der hier vorliegenden Analyse ist aber darauf hinzuweisen, dass die zunehmende Durchlöcherung des GKV-Systems – insbesondere auf der Ebene der freiwillig Versicherten und nunmehr verstärkt auch auf der Ebene aller Mitglieder mit Blick auf Wahltarife und Zusatzversicherungen – natürlich die Frage aufwirft, ob die eigentliche Konsequenz der bisher durchgeführten Reformen nicht in der Auflösung der GKV und ihrer Überführung in eine allgemeine private Krankenversicherung für alle Bürger/ innen mit Kontrahierungszwang liegt.

Der Gesetzgeber muss sich bewusst sein, dass Fragen dieser Art zunehmend gestellt werden, wenn er Schritt für Schritt dafür sorgt, dass Solidarelemente in die PKV verlagert und umgekehrt Elemente freien Wettbewerbs in die GKV implementiert werden.

Noch einmal: Der Europäische Vertrag erlaubt es, Sozialversicherungssysteme zu praktizieren und darauf die Regeln des Europäischen Vertrages – insbesondere die Wettbewerbsregeln, die Beihilferegeln und die Dienstleistungsfreiheit – nicht anzuwenden. Der Europäische Vertrag erlaubt es aber nicht, ein System zu praktizieren, das in erheblichem Umfang von wettbewerblichen Elementen geprägt ist, und dann zu behaupten, dieses System arbeite nicht wirtschaftlich. Aus der Perspektive dieser Grundüberlegungen sollen die folgenden Ausführungen zunächst einmal zeigen, in welchem Umfang der deutsche Gesetzgeber den *Rubikon* bereits überschritten hat – er bewegt sich gefährlich nahe am „*Abgrund des Art. 86 EG*" und müsste sich deshalb sehr genau überlegen, wie weit er noch gehen will. Sollten die Versicherungsaufsichtsämter in Zukunft aus dem Blickwinkel des § 53 Abs. 4 SGB V womöglich Zusatzversicherungen als Wahltarife genehmigen, so würde dies unweigerlich die Frage aufwerfen, ob dadurch das deutsche Sozialversicherungssystem nicht insgesamt zu einem **wirtschaftlich tätigen Unternehmen** im Sinne von Art. 86 EG verändert wird mit der Folge, dass sämtliche Vorschriften des Europäischen Vertrages, insbesondere das Prinzip des freien Wettbewerbs (Artt. 4, 98 EG), nunmehr auf die GKV, und zwar aus der Perspektive des europäischen Rechts anzuwenden sind. Auf dieser Ebene hätte der nationale Gesetzgeber keine Wahlfreiheit mehr. Er müsste das Prinzip Wettbewerb in der GKV durchsetzen. Insoweit wäre er also strikt gebunden.

II. Grundsätze und Ziele von Art. 86 EG

Art. 86 EG sorgt dafür, dass die Mitgliedstaaten die Regeln des EG-Vertrages nicht dadurch umgehen, indem sie öffentlichen Unternehmen und Unternehmen, denen sie besondere oder ausschließliche Rechte gewährt haben, diskriminierendes, handelsbeschränkendes oder wettbewerbswidriges Verhalten erlauben. Dies gilt auch für Unternehmen, die mit Dienstleistungen von allgemeinem wirtschaftlichen Interesse betraut sind (Art. 86 Abs. 2 EG). Erst dann, wenn diese in besonderer Weise betrauten Unternehmen durch die Anwendung der Vorschriften des EG-Vertrages die ihnen übertragenen besonderen Aufgaben rechtlich oder tatsächlich nicht mehr erfüllen können, sind sie von den Vorschriften des EG-Vertrages freigestellt (Art. 86 Abs. 2 EG).

Mithilfe von Art. 86 EG sorgt die Europäische Gemeinschaft dafür, dass Diskriminierungen und Handelsbeschränkungen auch durch öffentliche Unternehmen unterbleiben und dass der Wettbewerb auf den Märkten funktionsfähig bleibt. Soweit Wettbewerb auf Märkten möglich ist, dürfen die Mitgliedstaaten keine Maßnahmen treffen oder beibehalten, die den möglichen Wettbewerb beschränken. Etwaige erforderliche Beschränkungen des Wettbewerbs müssen sich auf das *notwendige Minimum* beschränken.[18] Verstößt ein Mitgliedstaat gegen seine Verpflichtungen aus Art. 86 EG, so ergeben sich die Rechtsfolgen aus der Norm des EG-Vertrages, gegen die er im Speziellen verstoßen hat. Das könnte z.B. das Diskriminierungsver-

---

[18] Vertiefend *Mestmäcker / Schweitzer*, Europäisches Wettbewerbsrecht, 2. Aufl., S. 833 ff.; *Jung* in: Calliess / Ruffert, EUV / EGV, 3. Aufl., Art. 86 Rn. 3.

bot, das Verbot der Beschränkung der Dienstleistungsfreiheit oder das Verbot, eine marktbeherrschende Position zu missbrauchen, sein. In all diesen Fällen wäre der nationale Rechtsakt entweder nichtig, was sich entweder direkt aus dem EG-Vertrag oder aber wegen Verstoßes gegen ein gesetzliches Verbot aus § 134 BGB[19] ergäbe – oder der Vorrang des Gemeinschaftsrechts würde das nationale Recht korrigieren.[20]

Würde sich also herausstellen, dass das Einführen und Beibehalten von Wahltarifen nach § 53 SGB V und Zusatzversicherungen ganz oder zum Teil gegen die Regeln des EG-Vertrages verstößt, so würde dieser Verstoß die entgegenstehenden Gesetze entweder *nichtig* machen oder verdrängen oder zu einer gemeinschaftskonformen Auslegung führen. Die Entscheidung darüber unterläge direkt der Kontrolle nationaler Gerichte.[21]

Art. 86 EG ist nach allg. M. nur dann anwendbar, wenn die Mitgliedstaaten EG-rechtswidrige Maßnahmen in Bezug auf *Unternehmen* treffen oder beibehalten. Nach der Rechtsprechung des Europäischen Gerichtshofs[22] umfasst der Begriff des Unternehmens – wie unten vertieft werden wird[23] – im Rahmen des Wettbewerbsrechts *jede eine wirtschaftliche Tätigkeit ausübende Einheit*, unabhängig von ihrer Rechtsform und der Art ihrer Finanzierung.

Im Ergebnis wird sich zeigen, dass die GKV in folgenden Bereichen eine wirtschaftliche Tätigkeit im Sinne der Rechtsprechung des EuGH ausübt:

---

19 Anwendungsbeispiele bei *Mestmäcker / Schweitzer*, Europäisches Wettbewerbsrecht, 2. Aufl., S. 836 ff.

20 BVerfGE 31, 145; 75, 223.

21 *Pernice* in: Grabitz / Hilf, EU, Art. 90 Rn. 12; *Jung* in: Calliess / Ruffert, DUV / EGV, 3. Aufl., Art. 86 Rn. 7.

22 Insbesondere Urteil vom 23. April 1991 in der Rechtssache C-4190, *Höfner und Elser*, Slg. 1991, I-1979, Rn. 21.

23 F. I.

- beim Angebot von Krankheitsvollversicherungen an bisher nicht Versicherte, die keine Zwangsmitglieder sind, und an
- bisher in der PKV versicherte Personen und beim „Halten" von bei ihr freiwillig versicherten Personen;
- beim Angebot von obligatorischen und optionalen Wahltarifen an bei ihr freiwillig versicherte Personen;
- beim Angebot von Zusatzversicherungen an bei ihr Pflichtversicherte oder freiwillig Versicherte.

Vereinfacht kann man sagen, dass die GKV beim Wettbewerb um freiwillig Versicherte in der Krankheitsvollversicherung und beim Wettbewerb um Zusatzversicherungen (wenn und soweit sie sie nach § 53 SGB V anbieten darf) wirtschaftlich tätig ist und damit den Regelungen des Art. 86 EG unterfällt.

III. Die Anwendung von Art. 86 EG auf freiwillig Versicherte in der Krankheitsvollversicherung

Die Anwendung von Art. 86 EG auf freiwillig Versicherte in der Krankheitsvollversicherung (unter Einschluss von Wahltarifen) führt zunächst einmal zu der Frage, welche Regeln des EG-Vertrages auf diesem Markt verletzt sein könnten. In Betracht kommen Art. 82 EG, Art. 4 i. V. mit Artt. 98 und 10 Abs. 2 EG sowie der direkt aus Art. 86 EG abgeleitete Missbrauch durch Funktionsvermischung.

1. Keine marktbeherrschende Stellung der GKV nach Art. 82 EG

Wie noch zu zeigen sein wird[24], verfügt die GKV auf dem Markt für Krankheitsvollversicherungen für freiwillig Versicherte unter Ein-

---

[24] F. IV.

schluss von Wahltarifen über keine marktbeherrschende Position. Das ergibt sich vor allem aus den Wanderungsbewegungen zwischen GKV und PKV und aus dem daraus resultierenden Wettbewerb. Somit kommt ein Verstoß gegen Art. 82 EG jedenfalls aus der Perspektive einer marktbeherrschenden Position der GKV auf diesem Markt nicht in Betracht.

2. Verstoß gegen Artt. 4, 98, 10 Abs. 2 EG

Die Tätigkeit der Mitgliedstaaten und der Gemeinschaft beruht auf dem Grundsatz einer offenen Marktwirtschaft mit freiem Wettbewerb (Art. 4 Abs. 1 EG). Die Mitgliedstaaten halten sich an diesen Grundsatz (Art. 98 EG). Sie unterlassen darüber hinaus alle Maßnahmen, welche die Verwirklichung der Ziele dieses Vertrages gefährden könnten (Art. 10 Abs. 2 EG). Damit haben die Parteien des Europäischen Vertrages ein deutliches Bekenntnis zur vom Wettbewerb geprägten Marktwirtschaft abgelegt. Der Europäische Vertrag wird hinsichtlich der Wirtschaftsverfassung weitaus deutlicher als das Grundgesetz, das eine ausdrückliche Festschreibung der marktwirtschaftlichen Ordnung nicht enthält.[25] Rechtlich enthält der EG-Vertrag damit erstmals eine verbindliche Verankerung eines „*neuen ordnungspolitischen Anspruchs*".[26] Art. 4 EG sorgt dafür, eine evident nicht-marktwirtschaftliche Wirtschaftspolitik zu verhindern.[27] Angestrebt wird ein Wettbewerbszustand, der das System der Marktfreiheiten und das System der Wettbewerbs- und Beihilferegeln reflektiert.[28]

So hat der EuGH in seiner Rechtsprechung zu nationalen Beihilfen festgestellt, dass eine bestimmte Praxis nicht dem normalen Verhalten

---

[25] Vertiefend *Badura*, Staatsziele und Garantien der Wirtschaftsverfassung in Deutschland und Europa, FS-Stern, 1997, 409, 414.

[26] GTE / von Estorff / Molitor, 5.Aufl., Art. 3a Rn. 17 ff.

[27] *Streinz* in: EU / EGV, 2003, Art. 4 Rn. 13.

[28] *Streinz*, a.a.O., Rn. 14.

oder den Erwartungen eines Investors in einer Marktwirtschaft entsprach[29] oder dass bestimmte Maßnahmen die Auswirkungen des normalen Kräftespiels in einer Marktwirtschaft verhindern.[30] Der Europäische Rat von Kopenhagen[31] hat mit Blick auf die osteuropäischen Länder unter anderem eine *funktionierende Marktwirtschaft* als Voraussetzung für den späteren Beitritt genannt. Die Verpflichtung der Mitgliedstaaten und der Gemeinschaft auf den Grundsatz der offenen und freien Marktwirtschaft kann als politische und rechtliche Aussage gewertet werden. Der Wirtschaftspolitik, die sich im Rahmen der Wirtschafts- und Währungsunion entwickeln soll, wird von Anfang an eine bestimmte Richtung vorgegeben, sie soll den Grundsätzen und Forderungen gerecht werden, die gemeinsam mit dem Begriff Marktwirtschaft in der Gemeinschaft verbunden werden. Rechtlich lässt sich daraus ableiten, dass die Gemeinschaft und die Mitgliedstaaten bei diesem Prozess nur *marktwirtschaftliche Mittel* einsetzen dürfen.[32]

Auf der Grundlage von Artt. 4, 98, 10 Abs. 2 EG haben die Mitgliedstaaten und die Gemeinschaft eine „evident nicht-marktwirtschaftliche Wettbewerbspolitik“ zu verhindern.[33] Im Zusammenhang mit Art. 10 Abs. 2 EG bedeutet das, dass sie alle Maßnahmen unterlassen, welche die Verwirklichung der Ziele des Europäischen Vertrages gefährden könnten (effet utile).

Aus der Perspektive des Wettbewerbs um freiwillig Versicherte bei der Krankheitsvollversicherung werfen diese Grundsätze mehrere Fragen auf.

---

[29] Slg. 1994, I-4103 / 4153, Rs. C-278-280 / 92 *Spanien / Kommission.*

[30] Slg. 1991, I-1601 / 1640, Rs. C-305 / 89 *Italien / Kommission.*

[31] 21. / 22.6.1993, BullEG Nr. 6 / 1993, 7 unter I.13.

[32] *Bandilla* in: Grabitz / Hilf, Das Recht der Europäischen Union, Bd. I, Art. 4 Rn. 7.

[33] *Streinz* a.a.O., Art. 4, Rn. 13.

a) Versicherungspflicht

Aus der Perspektive eines obligatorischen auf dem Grundsatz der Solidarität beruhenden Systems der sozialen Sicherheit wäre es nachvollziehbar, wenn für alle Personen, die keinen anderweitigen Anspruch auf Absicherung im Krankheitsfall haben, eine Versicherungspflicht zur GKV bestünde. Das ist im deutschen System aber nicht so. Vielmehr steht neben der Pflicht zur Versicherung in der GKV auch eine Pflicht zur Versicherung in der PKV. Ein bisher gar nicht Krankenversicherter, der zuletzt bei der PKV krankenversichert war und dieser zugeordnet wird, muss ab 01.01.2009 bei der PKV einen Krankenversicherungsvertrag abschließen.[34] Darüber hinaus kann ein nach § 315 Abs. 1 S. 1 SGB V n.F. nicht Versicherter unter bestimmten Voraussetzungen schon ab dem 01.07.2007 von einem Versicherungsunternehmen Versicherungsschutz im *Standardtarif* (§ 257 IIa SGB V n.F.) verlangen. Die Versicherer sind zur Aufnahme dieses Personenkreises verpflichtet. Sie unterliegen also einem Kontrahierungszwang. Ab 01.01.2009 wird der Standardtarif auf den *Basistarif* umgestellt (§ 315 IV SGB V n.F.). Personen, die zu diesem Zeitpunkt noch nicht versichert, aber der PKV zugeordnet sind, werden sodann im Basistarif oder einem sonstigen Tarif, der den gesetzlichen Mindestanforderungen entspricht, versichert.[35]

Eine solche Versicherungspflicht ist in einem wettbewerblich verfassten System, das vom Gedanken der Freiwilligkeit der Teilnahme geprägt ist, ein Fremdkörper. Er kann ausnahmsweise gerechtfertigt sein, wenn die Teilnahme am System – wie etwa bei der Kraftfahrthaftpflichtversicherung aus der Perspektive des Verkehrsopferschutzes – zwingend erforderlich erscheint. Stehen allerdings, wie bei der Krankheitsvollversicherung, ein solidarisch verfasstes Umlagesystem und ein wettbewerbliches, kapitalgedecktes System nebeneinander, so gibt es keinerlei Sachgrund für den Mitgliedstaat, der ein solches Nebeneinander praktiziert, das wettbewerblich geprägte Sys-

---

[34] Art. 46 X. GKV-WSG = § 178a V VVG n.F.

[35] § 178a VII 1 Nr. 2 VVG n.F.; § 12 Ib 1 Nr. 2 VAG n.F.; vertiefend *Sodan*, Das GKV-Wettbewerbsstärkungsgesetz, NJW 2007, 1313, 1315 ff.

tem durch Elemente des Solidarsystems zu verfälschen, weil er die mit der Versicherungspflicht angestrebte soziale Absicherung aller Nichtversicherten ohne Schwierigkeiten dadurch erreichen kann, dass er für diesen Personenkreis die GKV öffnet.

Dies gilt umso mehr, wenn es der PKV – wie im jetzigen System – verwehrt ist, gegenüber den zwangsversicherten Personen eine risikogerechte Prämie zu erheben. Damit trägt der Gesetzgeber in das System der kapitalfinanzierten PKV Elemente der Umlagefinanzierung und der Solidargemeinschaft hinein, das heißt, er zwingt ein wettbewerblich geprägtes System zur Quersubventionierung zwischen den Versicherten. Eine solche Umformung eines wettbewerblich strukturierten Systems verstößt gegen Artt. 4, 98, 10 Abs. 2 EG, weil das Hineintragen von Grundsätzen der Solidarität in die PKV nicht erforderlich und damit unverhältnismäßig (Art. 5 Abs. 3 EG) ist und weil die GKV als umlagefinanziertes, auf Solidarität beruhendes System für das Auffangen der hier infrage stehenden Personengruppen ohne weiteres bereitsteht. Das Überbürden von Soziallasten auf die Gruppe der Privatversicherten ist folglich zur Erreichung der Ziele des Europäischen Vertrages nicht erforderlich (Art. 5 Abs. 3 EG) und beinhaltet zugleich eine missbräuchliche Funktionsvermischung.[36]

b) Basistarif

Der neue Basistarif steht grundsätzlich allen freiwillig in der GKV Versicherten, allen PKV-Versicherten, den Beihilfeberechtigten sowie denjenigen offen, die nicht in der GKV versicherungspflichtig sind und nicht den anderen genannten Gruppen angehören. Für den Zugang sieht der Gesetzgeber ein kompliziertes Wahlmodell mit einer 6-Monats-Frist für Bestandskunden der PKV vor.[37] Besonders problematisch ist, dass die Kalkulation des Basistarifes nicht mehr

---

[36] Hinweise dieser Art enthält das Urteil des BVerfG vom 03.04.2001 (1 BvR 1981 / 94) zur privaten Pflegeversicherung.

[37] Zu den Einzelheiten: *Sodan*, Das GKV-Wettbewerbsstärkungsgesetz NJW 2007, 1313, 1319, 1320.

an das individuelle Krankheitsrisiko des Versicherten anknüpfen darf. Risikozuschläge oder Leistungsausschlüsse dürfen nach § 178g Abs. 2 S. 2 VVG nicht vorgenommen werden. Dies bedeutet, dass der Basistarif in der privaten Krankenversicherung dem des auf dem Umlage- und Solidaritätsprinzip beruhenden Versicherungsmodells der GKV angeglichen wird. Auf diesem Wege implantiert der Gesetzgeber in ein funktionsfähiges wettbewerblich geordnetes System Elemente einer auf Quersubvention und Burden Sharing beruhenden Solidargemeinschaft im Sinne der GKV. Damit verfälscht der Gesetzgeber das wettbewerblich strukturierte System der privaten Krankenversicherung, und zwar ohne Not, denn die mit der Einführung des Basistarifs angestrebte soziale Auffangfunktion für bestimmte Personengruppen könnte ohne weiteres dadurch geschehen, dass diese Personen in die GKV überführt würden. Vergleichbare Quersubventionen hat das Bundesverfassungsgericht im „Kohlepfennigbeschluss" für verfassungswidrig erklärt.[38]

c) Der Wechsel von der GKV zur PKV

Nach bisheriger Rechtslage genügte es, wenn die bei der GKV versicherten Personen mit ihrem Einkommen die Versicherungspflichtgrenze der GKV überschritten (§ 6 SGB V). Im Jahr 2007 beträgt die Entgelthöchstgrenze 47.700 EUR (§ 6 Abs. 6 SGB V). Die Höchstgrenze wird Jahr für Jahr je nach Entwicklung der Bruttolöhne und Gehälter von der Bundesregierung per Rechtsverordnung angepasst.

Diejenigen Arbeiter und Angestellten, deren Einkommen die Höchstgrenze überschritt, konnten in der Vergangenheit von der GKV in die PKV wechseln. Auf der Grundlage des GKV-WSG ist dies nun nicht mehr möglich. Nun müssen die Einkommen der Arbeiter und Angestellten die jeweiligen Höchstbeträge in drei aufeinander folgenden Kalenderjahren übersteigen (§ 6 Abs. 1 SGB V). Damit wird der Wechsel zur Krankheitsvollversicherung in der PKV erheblich erschwert, ohne dass hierfür ein zwingender Sachgrund im Sinne der Artt. 4, 98, 10 Abs. 2 EG erkennbar wäre.

---

[38] NJW 1995, 381.

3. Missbrauch durch Funktionsvermischung

Ganz grundsätzlich kann man fragen, ob der Wettbewerb um freiwillig Versicherte in der Krankheitsvollversicherung zwischen GKV und PKV nicht auf einen Missbrauch durch Funktionsvermischung verweist. Durch diesen Wettbewerb werden nämlich hoheitliche und unternehmerische Funktionen in einer Organisation (der GKV) zusammengefasst. Immer dann, wenn dies der Fall ist, können die Mitgliedstaaten nach Art. 86 Abs. 1 i.V.m. Art. 82 EG verpflichtet sein, die Organisationsstruktur so zu ändern, „dass die einzelnen Funktionen selbstständig ausgeübt und je für sich beurteilt werden können.“[39] Ähnlich hat der EuGH im Zusammenhang mit dem belgischen Fernmeldemonopol argumentiert und dies mit dem Prinzip der Chancengleichheit im unverfälschten Wettbewerb begründet.[40] Vergleichbare Erwägungen liegen der Trennung zwischen Netz und Erzeugung bei Strom und Gas und der Trennung zwischen Trasse und Betrieb bei der Bahn zugrunde.

Überträgt man diese Überlegungen auf den Bereich der Krankheitsvollversicherungen, so kann man sagen, dass ein Mitgliedstaat nicht beides haben kann: auf der einen Seite ein obligatorisches, auf dem Grundsatz der Solidarität beruhendes System der sozialen Sicherheit, das zugleich auf der anderen Seite gleichberechtigt und gleichgeordnet auf dem Markt für private nach dem Kapitaldeckungsprinzip tarifierte Versicherungen tätig ist. In der Rechtsprechung des EuGH wird im Bereich der Sozialversicherung zwischen diesen beiden Organisationsformen strikt und präzise getrennt. Der Gerichtshof betont etwa im Urteil vom 16. November 1995[41], dass „bestimmte Einrichtungen, die obligatorische, auf dem Grundsatz der Solidarität beruhende Systeme der sozialen Sicherheit verwalten, nicht unter

[39] *Mestmäcker / Schweitzer*, Europäisches Wettbewerbsrecht, 2. Aufl., S. 839.

[40] EuGH vom 13.12.1991, Slg. 1991 I-5941, 5981 Rn. 25 *GB-Inno-BM.*

[41] Rechtssache C-244 / 94 Slg. 1995 I-4022 *Frankreich / Kommission.*

den Begriff des Unternehmens fallen."[42] Kennzeichnend für ein solches Versicherungssystem sei, dass die Leistungen für alle Empfänger gleich seien, während sich die Beiträge nach dem Einkommen richteten. Überschüsse innerhalb des Systems werden zum Strukturausgleich eingesetzt. Die verschiedenen Versicherungssysteme werden von einem einzigen Träger verwaltet – das System beruht auf einer Pflichtmitgliedschaft.

Demgegenüber verweist der EuGH in der gleichen Entscheidung darauf, dass Einrichtungen jedenfalls dann nicht mehr auf dem Grundsatz der Solidarität beruhen und folglich Unternehmen sind, wenn die Mitgliedschaft freiwillig und die Finanzierung nach dem Kapitaldeckungsprinzip funktioniert, sodass die gewährten Leistungen sich ausschließlich nach der Höhe der von den Leistungsempfängern gezahlten Beiträge und den Erträgen der von der Einrichtung vorgenommenen Investitionen richten.

Die Möglichkeit, dass das auf Solidarität beruhende Sozialsystem mit seinen nach Umlagegrundsätzen entwickelten Tarifen mit einem auf Kapitaldeckung beruhenden Wettbewerbssystem vermischt wird und mit diesem konkurriert, kommt in der Entscheidung des EuGH gar nicht vor. Allerdings hat der EuGH mit Urteil vom 22.05.2003[43] klargestellt, dass ein Pflichtversicherungssystem auch ein Hindernis für den freien Dienstleistungsverkehr sein kann. Es sei Sache des vorlegenden Gerichtes zu prüfen, ob dieses System tatsächlich durch sozialpolitische Ziele gerechtfertigt sei, und es müsse insbesondere untersucht werden, ob der Umfang der Deckung durch diese Pflichtversicherung, gemessen an diesen Zielen, verhältnismäßig sei.[44] In diesen Worten klingt der Gedanke des Missbrauchs durch Funktionsvermischung an.

---

[42] A.a.O., Rn. 15.

[43] Rs. C-355 / 00 Slg. 2003, I-05263 *Freskot.*

[44] Tenor der Entscheidung Ziff. 3 Abs. 2.

4. Verstoß gegen das Beihilferecht

Schließlich stellt sich immer dann, wenn ein staatlich subventioniertes Teilsystem am Wettbewerb teilnimmt, die Frage, ob diese Teilnahme mit den Regeln des Beihilferechts vereinbar ist. Der Gerichtshof hat mehrfach entschieden, dass Ausgleichszahlungen für das Erbringen von „Dienstleistungen von allgemeinem wirtschaftlichen Interesse“ zulässig sein können.[45] Diesen Grundgedanken hat er im Urteil *Altmark-Trans* präzisiert und klargestellt, dass der jeweils gewährte Ausgleich nicht über das hinausgehen darf, was erforderlich ist, um die Kosten der Erfüllung der gemeinwirtschaftlichen Verpflichtungen zu decken. Die Höhe der staatlichen Ausgleichszahlungen dürfe jedenfalls nicht über das hinausgehen, was ein „*durchschnittliches, gut geführtes, privates Unternehmen*“ für die Aufgabenerfüllung benötigte.[46] Grundvoraussetzung für alle Urteile des EuGH ist, dass es sich bei den jeweiligen Dienstleistungen um solche von *allgemeinem wirtschaftlichen Interesse* handelt. Ob dies mit Blick auf Krankheitsvollversicherungen durch die GKV für freiwillig Versicherte überhaupt der Fall ist, erscheint äußerst zweifelhaft. Denn mit Blick auf freiwillig Versicherte besteht gerade keine Verpflichtung der GKV, Leistungen im allgemeinen wirtschaftlichen Interesse zur Verfügung zu stellen. Im Gegenteil, die GKV nimmt an einem von ihr selbst miteröffneten Wettbewerb um diese Personengruppe teil. Wenn sie dies aber tut, so muss sie das nach den Spielregeln des Marktes tun, das heißt, sie müsste die Aufnahmegrundsätze für die Personengruppe, um die es hier geht, aus dem solidarischen Umlageverfahren lösen und Tarife nach individuellen Risikomerkmalen auf der Grundlage der Prämienkalkulation der privaten Krankenversicherung entwickeln. Dies alles tut die GKV nicht. Sie nimmt stattdessen an einem Wettbewerb um freiwillig Krankenversicherte teil, ohne sich an die Spielregeln für den Markt zu halten. Sie greift in das Marktgeschehen mit quersubventionierten und am Einkommen orientierten Tarifen ein, sodass es für Personen

---

[45] EuGH 22.11.2001, Slg. 2001, I-9067, 9110 Rn. 27 *Ferring*.

[46] EuGH 24.07.2003, Rs. C-280/ 00 = WuW/ E Verge.801 *Altmark-Trans*.

mit hohem Einkommen sinnvoll sein kann, in der GKV zu verbleiben, obwohl bei einer individuell risikoorientierten Kalkulation die von der GKV gegenüber dieser Personengruppe erhobenen Prämien möglicherweise nicht kostendeckend sind. Die hierin angelegte Wettbewerbsverfälschung verstößt ganz prinzipiell gegen das europäische Beihilferecht und dürfte nach Art. 88 EG nichtig sein.

5. Zwischenergebnis

Die vorstehenden Ausführungen zum Wettbewerb auf dem Markt für Krankheitsvollversicherungen für freiwillig Versicherte unter Einschluss von Wahltarifen zeigen, dass Art. 86 EG i.V.m. Artt. 4, 98, 10 Abs. 2 EG sowie Artt. 87, 88 EG verletzt sind. Die den Wettbewerb auf dem Markt für Krankheitsvollversicherungen für freiwillig Versicherte verfälschenden Regelungen des Sozialrechts – insbesondere des SGB V – kollidieren mit dem entgegenstehenden EG-Recht und werden von diesem verdrängt. Die von der Novelle betroffenen PKV-Unternehmen könnten sich folglich weigern, die neuen gesetzlichen Regelungen einzuführen. In einem gegen sie gerichteten aufsichtsrechtlichen Verwaltungsverfahren würde dann spätestens in der letzten Instanz eine Vorlage nach Art. 234 EG zum EuGH erfolgen müssen, um zu klären, ob die die Novelle prägenden Institutionen mit dem europäischen Recht vereinbar sind. Die Unternehmen könnten auch erwägen, gegen die sie betreffenden Neuregelungen im Wege der Verfassungsbeschwerde vorzugehen und im Rahmen der Verfassungsbeschwerde die Vorlage nach Art. 234 EG zum EuGH zu verlangen.

IV. Die Anwendung von Art. 86 EG auf das Angebot von Zusatzversicherungen gegenüber Mitgliedern der GKV und freiwillig Versicherten

Nach der in Teil C durchgeführten sozialrechtlichen Analyse des § 53 Abs. 4 SGB V dürfen Krankenkassen Zusatzversicherungen zwar nach § 194 Abs. 1a SGB V *vermitteln*, aber nicht auf der Grundlage eigener Tarife anbieten. Das gilt auch für die Chefarztbehandlung oder Zuschläge für Ein- oder Zweibettzimmer oder Auslandsreisekrankenversicherungen, um einige wenige Beispiele zu nennen. Allerdings hat das Bundesversicherungsamt mit Rundschreiben vom 13. März 2007 angedeutet, dass man möglicherweise auch anderer Auffassung sein könne. Zwar dürfe der Tarif nach § 53 Abs. 4 SGB V keine Leistungsausweitung beinhalten. Jedoch stelle das Angebot eines Kostenerstattungstarifs für „Chefarztbehandlung und Zwei-Bett-Zimmer“ (in zugelassenen Krankenhäusern) keine Leistungsausweitung dar, weil ärztliche Behandlung und Unterbringung Bestandteil der Krankenhausbehandlung seien.[47] Die Bundesregierung hat auf eine kleine Anfrage eines Abgeordneten zu erkennen gegeben, dass sie dessen Auffassung teile. Deshalb kann nicht ausgeschlossen werden, dass Krankenkassen in Zukunft auf der Grundlage von § 53 Abs. 4 SGB V Kostenerstattungstarife beantragen und genehmigt bekommen, die vom Leistungsumfang den klassischen Zusatzversicherungen, die bisher ausschließlich von der PKV angeboten wurden, inhaltlich gleichen. Hiervon ausgehend ist es denkbar, dass die GKV dem bei ihr versicherten Personenkreis (ca. 90 % der Bevölkerung) auch Zusatzversicherungen anbietet. Ein solches Eindringen der GKV in das Marktsegment der Zusatzversicherungen wäre, wie die folgenden Überlegungen zeigen, aus verschiedenen Gründen mit dem geltenden europäischen Recht nicht in Einklang zu bringen. Würde man § 53 Abs. 4 SGB V in diesem Sinne als Öffnung des Zusatzversicherungsmarktes für die GKV verstehen, so verstieße dies gegen Art. 86 EG und wäre somit europarechtswidrig.

1. Verstoß gegen Art. 82 EG

Eine Interpretation von § 53 Abs. 4 SGB V, die den Krankenkassen im Rahmen von Kostenerstattungstarifen das Anbieten von Zusatzversicherungen erlauben würde, verstößt, wie unten (Teil F V) ge-

---

[47] Ziff. 5 des Rundschreibens vom 13. März 2007 (Az. II 1-4827.6-3709/2006).

zeigt werden wird, gegen Art. 82 EG – ein solches Angebot wäre ein Missbrauch einer marktbeherrschenden Stellung. Eine dennoch erteilte Genehmigung durch das Bundesversicherungsamt oder durch die Landesversicherungsämter würde von Beginn an gegen die Wertungen des Art. 82 EG verstoßen und somit nach den Grundsätzen des Verwaltungsrechts anfechtbar sein.

2. Verstoß gegen Artt. 4, 98, 10 Abs. 2 EG

Auch mit Blick auf den Markt für Zusatzversicherungen ist daran zu erinnern, dass die Tätigkeit der Gemeinschaft auf dem Grundsatz einer offenen Marktwirtschaft mit freiem Wettbewerb (Art. 4 Abs. 1 EG) beruht. An diesen Grundsatz sind die Mitgliedstaaten gebunden (Art. 98 EG). Sie unterlassen deshalb alle Maßnahmen, die die Verwirklichung der Ziele des Europäischen Vertrages gefährden könnten (effet utile, Art. 10 Abs. 2 EG). Insbesondere haben die Mitgliedstaaten alle Maßnahmen zu unterlassen, die die Gefahr heraufbeschwören, dass ein bisher wettbewerblich strukturierter Markt durch Zutritt eines weit überlegenen Marktherrschers binnen kurzem monopolisiert wird. Genau diese Gefahr besteht aber, wenn man es zulassen würde, dass Krankenkassen in Zukunft nicht nur Zusatzversicherungen vermitteln, sondern, satzungsrechtlich verankert, auch anbieten dürften. Die Konsequenz eines solchen Angebotes wurde oben bereits geschildert.[48] Die GKV hat einen Marktzugang zu etwa 90 % aller in der Bundesrepublik Krankenversicherten. Sie verfügt über die entscheidenden Zugangsdaten zu diesem Personenkreis, nämlich ihre Adresse, ihren Personenstand, ihr Einkommen und zum Teil ihre Gesundheitssituation. Zwischen ihr und den bei ihr Versicherten besteht ein über viele Jahrzehnte gewachsenes Vertrauensverhältnis. Die Versicherten fühlen sich bei „ihrem Krankenversicherer“ aufgehoben. Es gäbe nicht den geringsten Grund, eine Zusatzversicherung von einem privaten Krankenversicherer zu nehmen, wenn der eigentliche „Grundversorger“ berechtigt wäre, solche Zusatzversicherungen ebenfalls anzubieten. Das Eindringen der GKV

---

[48] F. V. 2.

in den Markt der Zusatzversicherungen würde die wettbewerbliche Struktur dieses Marktes somit auf einen Schlag zerstören.

Selbst die Personen, die bisher ihre Zusatzversicherung bei einer PKV genommen haben, würden erwägen, zu ihrem Grundversorger zu wechseln, schon um die bürokratischen Abläufe, das Abrechnungsverfahren, zu vereinfachen. Der Grundversorger wird ein Übriges tun, um den „Wechsel" zu ihm zu beschleunigen. Er wird auf seine Einbindung in die Solidargemeinschaft, auf seine Unterstützung aus Steuermitteln des Staates, auf seine daraus resultierende Insolvenzfestigkeit, auf seine aus der Grundversorgung resultierende besondere Kompetenz, auf seine finanzielle Stärke und auf seine vom Solidarprinzip geprägte Grundhaltung verweisen.

Daran wird er übrigens auch nicht durch § 53 Abs. 9 SGB V gehindert. Zwar müssen die Aufwendungen für jeden Wahltarif aus Einnahmen, Einsparungen und Effizienzsteigerungen, die durch diese Maßnahmen erzielt werden, finanziert werden. Aber – und das unterscheidet die Wahltarife des § 53 SGB V von den Zusatzversicherungen der PKV – die Prämien müssen **nicht nur** aus Einnahmen finanziert werden. Sie können auch aus Einsparungen und Effizienzsteigerungen, die sich aus diesen Maßnahmen ergeben, finanziert werden. Die Krankenkassen haben regelmäßig, mindestens alle drei Jahre, über diese Einsparungen gegenüber der zuständigen Aufsichtsbehörde Rechenschaft abzulegen. Was aber genau mit Einsparungen und Effizienzsteigerungen durch Einführung von Wahltarifen gemeint ist, ist nirgendwo geregelt. Einsparungen und Effizienzsteigerungen könnten sich beispielsweise auch daraus ergeben, dass gut verdienende Versicherte in die GKV hineingezogen werden, die ihr sonst eher fern bleiben. Bei diesem Personenkreis handelt es sich um solche Personen, die in aller Regel seltener krank und pflegebedürftig werden. Es sind die leistungsfähigeren Personen einer Gesellschaft, denen es gelingt, ihre Krankheitskosten niedriger zu halten als der Durchschnitt. Die Risikostruktur einer Krankenversicherungsgemeinschaft wird durch das Hinzutreten solcher Personen besser. Die daraus resultierenden Effizienzgewinne dürfte die Krankenkasse nach § 53 Abs. 9 SGB V zur Absenkung der Prämien zugunsten dieses auch von der PKV umworbenen Personenkreises einsetzen.

Da es bei der Frage, in welchem Umfang Einsparungen und Effizienzgewinne realisiert werden, regelmäßig erhebliche Spielräume gibt, entsteht ein (unkontrollierbarer) Anreiz für die Krankenkassen, das Einsparpotenzial möglichst hoch anzusetzen, um Versicherte der PKV wieder zurück ins „heimische Boot" zu ziehen. Die Tatsache, dass die Krankenkassen alle drei Jahre über die Einsparungen gegenüber der zuständigen Aufsichtsbehörde Rechenschaft abzulegen haben, wird hieran nichts ändern, denn zum einen kommen etwaige Bedenken der Aufsichtsbehörde zu spät – die Kunden sind dann schon abgeworben – und zum anderen werden die bestehenden Unsicherheiten bei der Bestimmung von Einsparungen und Effizienzsteigerungen die Aufsichtsbehörde aus Rechtsgründen bewegen, den Beurteilungsspielraum zugunsten der Krankenkasse eher zu vergrößern als zu verkleinern. Hiervon abgesehen, fehlen jedwede Rechtsfolgen für den Fall, dass die Aufsichtsbehörde feststellt, dass die Einsparungen in Wirklichkeit geringer waren als angenommen.

Im Ergebnis bedeutet dies, dass der Gesetzgeber den Krankenkassen durch eine Ausweitung der Kostenerstattungstarife auf Zusatzversicherungen nicht nur den Marktzutritt, sondern darüber hinaus auch noch ein Instrumentarium verschaffen würde, mit dessen Hilfe es der ohnehin marktbeherrschenden GKV noch dazu erleichtert würde, die derzeit bei der PKV zusatzversicherten Personen zurückzugewinnen. Es kann nur eine Frage der Zeit sein, wann die PKV auf dem Markt für Zusatzversicherungen zusammenbricht und umgekehrt die GKV diesen gesamten Markt an sich gezogen und monopolisiert hat. Daneben wird es Rückwirkungen auf den Markt für Krankheitsvollversicherungen geben. Diejenigen Personen, die in der Vergangenheit wegen des breiten Spektrums an Zusatzversicherungen auch eine Krankenvollversicherung bei der PKV genommen haben, werden nun über die Frage nachdenken, mit beiden Produktbausteinen zur GKV zurückzukehren, falls sie versicherungspflichtig werden. Die Ausstrahlungswirkung auf dem Markt für Zusatzversicherungen wird also den Markt für Krankheitsvollversicherungen erfassen und Marktanteile zugunsten der GKV verschieben. Dies würde die ohnehin auf dem Markt für Krankheitsvollversicherungen bestehenden Wettbewerbsverfälschungen – wie oben festgestellt – noch verschärfen und vertiefen.

Die GKV soll in Zukunft ihren Pflichtversicherten und den freiwillig Versicherten Zusatzversicherungen anbieten und damit diesen bisher funktionsfähigen Wettbewerbsmarkt monopolisieren können. Eine solche Monopolisierung eines bisher funktionsfähigen Wettbewerbsmarktes durch Marktzutritt eines noch dazu nicht wettbewerblich organisierten Sozialverbandes verstößt gegen den Gedanken der freien und unverfälschten Marktwirtschaft (Artt. 4, 98 EG) und verletzt Art. 10 Abs. 2 EG, weil ein solcher Marktzutritt eine Maßnahme wäre, die die Verwirklichung der Ziele des Europäischen Vertrages gefährden würde (Art. 10 Abs. 2 EG).

3. Verstoß gegen die europäische Dienstleistungsfreiheit (Art. 49 EG)

Die Interpretation von § 53 Abs. 4 SGB V im Sinne einer Öffnung für Zusatzversicherungen zugunsten der GKV würde aber auch gegen die europäische Dienstleistungsfreiheit verstoßen. Die zu befürchtende rasche Monopolisierung des Marktes für Zusatzversicherungen durch die GKV würde nicht nur den Marktzutritt deutscher privater Krankenversicherungen, sondern auch den Marktzutritt von Krankenversicherern aus dem europäischen Ausland beeinträchtigen. Dass darin eine Verletzung der europäischen Dienstleistungsfreiheit liegen kann, hat der Europäische Gerichtshof mit Urteil vom 04.12.1986 für die Versicherungsmärkte ausdrücklich entschieden.[49]

In der Rechtsprechung des EuGH ist ebenfalls anerkannt, dass Beschränkungen der Dienstleistungsfreiheit unter den gleichen Voraussetzungen, wie dies bei der Warenverkehrsfreiheit der Fall ist, gerechtfertigt sein können. Der EuGH knüpft für diese Rechtsprechung

---

[49] VersR 1986, 1225.

an die Grundwertungen in Artt. 55, 46 EG i.V.m. dem europäischen Binnenmarktprinzip (Art. 14 EG) und dem europäischen Verhältnismäßigkeitsprinzip (Art. 5 Abs. 3 EG) an. Beschränkungen müssen danach für In- wie Ausländer gleichermaßen gelten, auf zwingenden Gründen des Allgemeininteresses beruhen und geeignet sein, die Verwirklichung des mit ihnen verfolgten Ziels zu gewährleisten, ohne über das hinauszugehen, was zur Erreichung dieses Ziels erforderlich ist.[50] Maßnahmen des nationalen Rechts, die die Ausübung der durch den EG-Vertrag garantierten Freiheiten behindern oder weniger attraktiv machen – hier also Kostenerstattungstarife nach § 53 Abs. 4 SGB V, die Zusatzversicherungen zulassen –, müssen somit vier Voraussetzungen erfüllen (Gebhard-Formel).[51] Sie müssen:

(1) in nicht diskriminierender Weise angewandt werden,

(2) auf zwingenden Gründen des Allgemeininteresses beruhen,

(3) geeignet sein, die Verwirklichung des mit ihnen verfolgten Ziels zu gewährleisten und

(4) nicht über das hinausgehen, was zur Erreichung dieses Ziels erforderlich ist.

Alle vier Voraussetzungen müssen kumulativ vorliegen. Das ist schon mit Blick auf das erste Kriterium (Nichtdiskriminierung) nicht der Fall. Würde man der GKV über § 53 Abs. 4 SGB V tatsächlich erlauben, Zusatzversicherungen anzubieten, so läge darin eine eindeutige Diskriminierung aller ausländischen Anbieter von Zusatzversicherungen, da keiner der ausländischen Anbieter einen auch nur annähernd vergleichbaren Marktzugang hätte wie die GKV in Deutschland. Die Diskriminierung würde durch das Bundesdatenschutzgesetz noch verstärkt werden, denn danach darf die GKV personenbezogene Daten an Dritte – z. B. ausländische Zusatzversicherungsanbieter – nicht weitergeben.

---

[50] EuGHE Rs. C-164/99, 2002, I-787 *Portugaia.*

[51] EuGHE C-55/94, 1995, I-4165 *Gebhard.*

Darüber hinaus liegt aber auch das zweite Kriterium nicht vor. Denn das Eindringen der GKV in den Markt für private Zusatzkrankenversicherungen beruht nicht auf *zwingenden Gründen des Allgemeininteresses*. Im Gegenteil, zwingende Gründe des Allgemeininteresses sprechen gerade dafür, diesen Marktzutritt zu verhindern – wie der Blick auf Art. 82 EG zeigt. Ganz grundsätzlich kann man sagen, dass die Zerstörung eines funktionsfähigen Wettbewerbsmarktes durch Monopolisierung niemals im zwingenden Allgemeininteresse eines Mitgliedstaates liegen kann. Der EuGH hat umgekehrt ausgesprochen, dass ein staatliches Dienstleistungsmonopol nur dann zulässig sein kann, wenn es im besonderen öffentlichen Interesse liegt.[52] Anhaltspunkte dafür, dass der EuGH die Monopolisierung eines Marktes ohne zwingenden Sachgrund im Rahmen der europäischen Dienstleistungsfreiheit akzeptieren würde, bestehen nicht.[53]

In Ermangelung zwingender Gründe des Allgemeininteresses scheitert die Rechtfertigung von § 53 Abs. 4 SGB V im Sinne einer Regelung, mit deren Hilfe Krankenkassen Zusatzversicherungen anbieten dürften. Kollidiert eine Norm des einfachen Rechts – wie hier – mit primärem Gemeinschaftsrecht, so hat das Gemeinschaftsrecht Vorrang. Dieser Anwendungsvorrang beruht, so das Bundesverfassungsgericht, auf einer ungeschriebenen Norm des primären Gemeinschaftsrechts, dem sich die Bundesrepublik Deutschland nach dem Zustimmungsgesetz zum EWG-Vertrag über Art. 59 Abs. 2 GG i.V.m. Art. 24 Abs. 1 GG (jetzt Art. 23 Abs. 1 GG) unterworfen hat. Eine solche Vorrangregel ist nach Art. 23 GG zulässig – die deutschen Gerichte haben daher im Fall eines Widerspruchs beider Rechtsordnungen nicht das deutsche, sondern das Gemeinschaftsrecht anzuwenden.[54] Im Ergebnis bedeutet dies, dass § 53 Abs. 4 SGB V *gemeinschaftskonform* auszulegen ist. Die Pflicht, das nationale Recht

---

[52] Rs. 155/73, Slg. 1974, 409 Rn. 14 *Sacchi*; Rs. C-243/01, Slg. 2003 XIII 076 Rn. 61, 63 *Gambelli*.

[53] Vergleiche die Fallübersicht bei *Kluth* in: Callies/Ruffert EU/EGV, 3. Aufl., Artt. 49, 50 Rn. 79 ff.

[54] BVerfGE 31, 145; 75, 223.

gemeinschaftskonform auszulegen, folgt unmittelbar aus dem Wirksamkeitsgebot des Europäischen Vertrages (Art. 10 EG) und aus dem Binnenmarktprinzip (Art. 14 EG). Die Pflicht zur Umsetzung und zur Erreichung der Ziele des EG-Vertrages trifft im Rahmen ihrer Zuständigkeit alle nationalen Organe.[55] Die gemeinschaftskonforme Auslegung hat in jedem Fall Vorrang vor anderen Auslegungsmethoden.[56]

Im vorliegenden Fall würde dies bedeuten, dass man § 53 Abs. 4 SGB V *eng* auslegt. Wahltarife, die den Leistungsumfang der GKV der Höhe nach variieren, wären – die Verfassungsmäßigkeit der Vorschrift unterstellt – danach zulässig, Wahltarife, die den Leistungsumfang ausdehnen, z. B. auf Chefarztbehandlung oder Zweitbettzimmer, wären unzulässig. Unzulässig wären darüber hinaus alle Wahltarife, die andere Arten von Zusatzversicherungen beinhalten würden.

4. Verstoß gegen das Beihilferecht

Schließlich würde die Zulassung des Angebotes von Zusatzversicherungen durch die GKV auch das europäische Beihilferecht (Artt. 87, 88 EG) verletzen. Ausgangspunkt für diese Überlegung ist die Tatsache, dass die GKV mit einem Marktzutritt über eine marktbeherrschende Stellung verfügt, d.h. durch einen Gewinntransfer versuchen würde, ihre Marktmacht auf einen angrenzenden Wettbewerbsmarkt – den Markt für Zusatzversicherungen – zu erstrecken. Dieser Missbrauch von Marktmacht kann beihilferechtlich erheblich sein, wenn die eingesetzten Mittel staatliche Mittel sind, die Quersubvention dem Staat zurechenbar ist und wenn der Mitteltransfer von den normalen Marktbedingungen abweicht.[57] Im vorliegenden Fall würde der Staat der GKV über § 53 Abs. 4 SGB V die Mittel zuweisen, die

---

[55] EuGHE, C-129/96, 1997, I-7411 Rn. 40 *Wallonie*.

[56] EuGHE, 240/98, 2000, I-4941 Rn. 30-32 *Océano Grupo*.

[57] Kommission 28. Wettbewerbsbericht 1999 Rn. 196; Kommission, Bekanntmachung über die Anwendung der Wettbewerbsregeln auf dem Postsektor Abl. 1998, Nr. C39/2 Ziff. 3.4.

die GKV benötigt, um ihre Marktmacht auf den Markt für Zusatzversicherungen zu übertragen. Diese Art des Mitteltransfers durch ein staatliches Gesetz weicht von den „normalen Marktbedingungen" erheblich ab, denn kein Marktteilnehmer kann dem anderen per Gesetz vorschreiben, was der Wettbewerber zu tun oder zu lassen hat. Eine solche Kompetenz hat nur der Staat. Eine sachliche Rechtfertigung für eine solche Erstreckung von Marktmacht auf den angrenzenden Wettbewerbsmarkt ist nicht erkennbar. Die GKV ist als soziale Organisation durch das Nebeneinander von GKV und PKV nicht gefährdet – das langjährige Nebeneinander beider Bereiche bestätigt dies. Umgekehrt ist aber die PKV in ihrem Bestand gefährdet, wenn es der GKV erlaubt würde, in den Markt für Zusatzversicherungen einzudringen und ihn aufgrund ihres außerordentlichen Ressourcenvorsprungs in kürzester Zeit zu vermachten.

5. Zwischenergebnis

Die vorstehende Analyse hat gezeigt, dass die Möglichkeit, Zusatzversicherungen durch die GKV über § 53 Abs. 4 SGB V anzubieten, gegen Art. 86 EG i.V.m. Art. 82 EG, Artt. 4, 98, 10 EG, Artt. 49, 50 EG und Artt. 87, 88 EG verstoßen würde. Infolgedessen ist, wenn man die Verfassungsmäßigkeit der Vorschrift im übrigen unterstellt, § 53 Abs. 4 SGB V *gemeinschaftskonform* so auszulegen, wie es bereits in der Gesetzesbegründung geschehen ist. Kostenerstattungstarife sind zulässig, soweit sie ausschließlich die Art und **Höhe** des Beitrages (§ 13 SGB V) variieren. Sie sind unzulässig, soweit der Leistungsumfang verändert wird. Der Leistungsumfang wird immer dann verändert, wenn Leistungen angeboten werden dürfen, die vom Leistungsumfang der GKV bisher nicht umfasst sind. Dazu gehören auch die Chefarztbehandlung, der Ein- und Zweibettzimmerzuschlag oder die Auslandsreisekrankenversicherung.

Sollten das Bundesversicherungsamt oder die Landesversicherungsämter dessen ungeachtet Wahltarife genehmigen, die in Wirklichkeit den Leistungsumfang der GKV ausweiten und somit Zusatzversicherungen sind, würden sich die hiervon betroffenen PKV-Unternehmen auf mehreren Wegen wehren können. Zum einen könnten sie den die GKV begünstigenden Verwaltungsakt als Drittbeteiligte anfechten. Die PKV-Unternehmen könnten aber auch direkt ein Kartellverfahren gegen die GKV eröffnen mit dem Ziel, das Anbieten von Zusatzversicherungen im Gewande des § 53 Abs. 4 SGB V zu unterlassen und den aus dem Anbieten resultierenden Schaden den PKV-Unternehmen zu ersetzen (§ 19 GWB, Art. 82 EG).

E. Verfassungsrechtliche Erwägungen

Die Ergebnisse, die die Analyse des europäischen Rechts zu Tage gebracht hat, werden auch aus der Perspektive des Grundgesetzes bestätigt. Es ist zwar richtig, dass das Grundgesetz nach allgemeiner Meinung eine erwerbswirtschaftliche Betätigung der öffentlichen Hand (hier der GKV) nicht ausschließt, sondern erlaubt.[58] Die Teilnahme der öffentlichen Hand an der Erwerbswirtschaft stellt als solche keinen Eingriff in die Grundrechte privater Konkurrenten dar. Art. 12 Abs. 1 GG schützt nach überkommener Auffassung weder generell vor Konkurrenz noch vor Konkurrenz der öffentlichen Hand, garantiert also der Privatwirtschaft nicht die Ausschließlichkeit des wirtschaftlichen Handelns.[59] Trotz der Wettbewerbsvorteile der öffentlichen Hand verstößt deren erwerbswirtschaftliche Betätigung auch nicht gegen Art. 3 Abs. 1 GG, sofern nicht willkürliche Differenzierungen zum Vorteil eines öffentlichen Unternehmens unternommen werden.[60] Verdrängungs- und Ausführungswettbewerb, der über Art. 2 Abs. 1 GG abgewehrt werden kann, liegt allerdings dann vor, wenn es sich um *ruinösen, die Existenz gefährdenden Wettbewerb handelt.*[61]

---

[58] *Papier* in: Benda / Maihofer / Vogel, § 18 Rn. 44.

[59] BVerGE 24, 236, 251 *Lumpensammler*; 39, 329, 336 *Bestattungswesen*; 71, 183, 193; OVG Münster NVwZ 1984, 522, 524; *Di Fabio* in: Maunz / Dürig, Art. 2, Abs. 1, Rn. 120; *Jarass / Pieroth*, Art. 12 GG, Rn. 15.

[60] BVerfGE 21, 291, 304 Rabattgesetz.

[61] *Di Fabio* in: Maunz / Dürig, Art. 2, Abs. 1, Rn. 121.

Im vorliegenden Fall geht es um einen solchen ruinösen, die Existenz der PKV gefährdenden Wettbewerb. Die GKV würde, wenn man ihr das Recht, Zusatzversicherungen anzubieten, gäbe, die PKV mittelfristig mindestens von diesem Markt verdrängt haben. Das liegt an den unten zu vertiefenden Gründen über die Marktmacht der GKV (90 % der Bevölkerung sind bei ihr versichert), dem Zugang zu den Kundendaten, dem bestehenden Vertrauen zum *Grundversorger* und der Möglichkeit, Tarife über § 53 Abs. 9 SGB V unter Kosten anzubieten. Hinzu kommt, dass Art. 12 GG ebenso wie Art. 2 GG im Lichte der europarechtlichen Wertungen zu lesen ist. Das Gemeinschaftsrecht hat Vorrang vor jeder Norm des nationalen Rechts der Mitgliedstaaten – auch vor dem Verfassungsrecht.[62] Der Anwendungsvorrang wird aber auch von der Rechtsprechung des Bundesverfassungsgerichtes in vollem Umfang unterstützt.[63] So gesehen setzen sich Art. 82 EG und Art. 86 gegenüber Art. 12 GG im Sinne eines Anwendungsvorrangs selbst dann durch, wenn man der vorstehenden Interpretation von Art. 12 GG nicht folgen würde. Die nationalen Gerichte und Behörden sind verpflichtet, den Vorschriften des Gemeinschaftsrechts den Vorrang in jedem konkret zu entscheidenden Fall einzuräumen und gemeinschaftsrechtswidriges nationales Recht aus der Anwendung zu lassen. Das Gemeinschaftsrecht ist dabei grundsätzlich **von Amts wegen** und nicht allein dann heranzuziehen, wenn sich ein Einzelner auf seine Geltung beruft.[64] Sollte das Bundesverfassungsgericht bei der Auslegung und Anwendung des Gemeinschaftsrechts Zweifel haben, so wäre es verpflichtet, diese Zweifel im Wege des Vorlageverfahrens nach Art. 234 EG dem EuGH zur Entscheidung vorzutragen.

---

[62] EuGH Rs. 6/64 Slg. 1964, 1251, 1269 *Costa-E.N.E.L.*; Slg. 1990, I-2433 Rn. 18 *Factortame.*

[63] BVerfGE 37, 271, 279 *Solange I*; 73, 339, 366 *Solange II*; 75, 223, 235 *Cloppenburg*; 89, 155, 190 *Maastricht.*

[64] EuGH verb. Rs. C-87/90, C-88/90 und C-89//90 Slg. 1991, I-3757 Rn. 16 *Verholen.*

F. Zur Direktanwendung europäischen und nationalen Wettbewerbsrechts auf einzelne Verhaltensweisen der GKV

Geht man von dem oben unter D. III. und IV. gefundenen Zwischenergebnis aus, dass eine gesetzliche Erweiterung des Leistungsumfanges der Krankheitsvollversicherung zugunsten der GKV durch Kostenerstattungstarife und Zusatzversicherungen gegen eine Reihe von Normen des Gemeinschaftsrechts verstößt, die der deutsche Gesetzgeber im Rahmen seiner Pflicht zur Gemeinschaftskonformität hätte beachten müssen, ist natürlich der deutsche Gesetzgeber in erster Linie gefordert. Zu prüfen bleibt allerdings schon jetzt, ob Unternehmen der PKV direkte Ansprüche gegen die GKV geltend machen können, wenn solche den Leistungsumfang verändernde Kostenerstattungstarife und Zusatzversicherungen von der GKV tatsächlich angeboten werden. Dabei spielt es keine Rolle, ob eine solche Ausweitung der Geschäftstätigkeit mit oder ohne eine Genehmigung der nach dem SGB V zuständigen Aufsichtsbehörden ausgeübt wird. Selbst wenn eine solche Genehmigung erteilt worden wäre, bliebe zu prüfen, ob die tatsächliche Ausnutzung eines öffentlich-rechtlich gewährten Handlungsrahmens im Einzelfall gegen gesetzliche Verbote der allgemeinen Rechtsordnung, hier des Art. 82 EG und des § 19 GWB, verstößt. Keine von einer Verwaltungsbehörde erteilte Genehmigung kann gesetzliche Verbote dieser Art außer Kraft setzen.

Für die Anwendung dieser Verbote auf Verhaltensweisen der GKV ist allerdings erforderlich, dass die beanstandeten Verhaltensweisen von Unternehmen ausgebracht werden. Art. 82 EG und § 19 GWB erfassen nur Verhaltensweisen von Unternehmen auf Märkten. Diese Vorschriften erfassen nicht Handlungsweisen, die Institutionen kraft Gesetzes abgefordert werden. Es ist deshalb anerkannt, dass die GKV im Kernbereich ihrer Tätigkeit, also bei der Erfüllung ihrer Pflichten nach dem SGB V, nicht wirtschaftlich in dem Sinne handelt, dass sie als Unternehmen auf einem Markte auftritt.

In einem ersten Schritt ist deshalb zu prüfen, ob die GKV mit den beanstandeten Verhaltensweisen auf einem Markte jenseits ihrer öffentlich-rechtlichen Pflichten nach dem SGB V als Unternehmen auftritt. Wenn dies zu bejahen ist, sind im Sinne des europäischen und nationalen Wettbewerbsrechts die relevanten Märkte abzugrenzen, auf denen die beanstandeten Verhaltensweisen von der GKV ausgebracht werden. In einem nächsten Schritt ist dann zu prüfen, ob die GKV auf diesen Märkten eine marktbeherrschende Stellung innehat, die sie gegebenenfalls im Sinne des Art. 82 EG und des § 19 GWB missbräuchlich ausnützt.

Der Europäische Gerichtshof (EuGH) hat sich mit der Frage, ob Institutionen, die mit öffentlichen Aufgaben betraut im Sozial- und Gesundheitsbereich tätig sind, als Unternehmen anzusehen sind, für die die Regeln des europäischen Wettbewerbsrechts zu gelten haben, mehrfach befasst. Die Reihe der Entscheidungen reicht von der frühen Entscheidung in der Sache *„Höfner und Elser“* bis zu seiner Entscheidung in der Sache *„FENIN“*. Dabei handelt es sich bei der hier zu untersuchenden Frage im Kern um eine Grenzziehung zwischen dem Sozialrecht und dem Wettbewerbsrecht. Es ist danach zu fragen, ob und inwieweit bei einzelnen Handlungsweisen von Sozialversicherungsträgern das Sozialrecht die Anwendung des Wettbewerbsrechts ausschließt.

I. Der Begriff des Unternehmens in der Rechtsprechung des EuGH

Der EuGH hat in seiner Praxis als entscheidendes Merkmal für die Qualifizierung eines Unternehmens im Sinne des Wettbewerbsrechts die Ausübung einer wirtschaftlichen Tätigkeit angesehen. In seiner Entscheidung „*Höfner und Elser*“[65] hat er dies dahin erläutert, dass jede Einheit, die eine wirtschaftliche Tätigkeit ausübe, unabhängig von ihrer Rechtsform und der Art ihrer Finanzierung unter den Begriff des Unternehmens fallen könne. Er hat in dieser Entscheidung demgemäß eine öffentlich-rechtliche Anstalt, die ohne Gewinnerzielungsabsicht Arbeitsvermittlung betreibt, als Unternehmen angesehen. Arbeitsvermittlung sei nicht immer von öffentlichen Einrichtungen betrieben worden und müsse auch nicht notwendig von solchen betrieben werden. In der Sache „*Poucet und Pistre*“[66] hat er die Unternehmenseigenschaft verneint, weil mit dem fraglichen Versicherungssystem ein sozialer Zweck verfolgt werde, die Tätigkeit auf dem Solidaritätsgrundsatz beruhe und der Aufsicht durch staatliche Behörden unterläge, die zum Beispiel die Beitragshöhe und den Leistungsumfang bestimmten.

In der Sache „*Federation francaise*“[67] hat der EuGH das Solidaritätsprinzip als maßgebliches materielles Kriterium für die Frage nach der wirtschaftlichen Betätigung herausgestellt und konkretisiert. In diesem Falle ging es um eine Zusatzversicherung, die ein Sozialversicherungsträger anbot und die bisher allein von privaten Krankenversicherern angeboten worden war. Der EuGH hat das Angebot dieser Zusatzversicherung als unternehmerische Tätigkeit im kartellrechtlichen Sinne angesehen. Die Mitgliedschaft in diesem System sei freiwillig, das System funktioniere nach dem Kapitaldeckungsprinzip und die gewährten Leistungen richteten sich allein nach den

---

[65] Slg. 1991, I-1979.

[66] Slg. 1993, I-637.

[67] Slg. 1995, I-4013.

von den Empfängern gezahlten Beiträgen und den Erträgen der vom System vorgenommenen Kapitalanlagen. Zwar sei in dem System auch in gewisser Weise das Solidaritätsprinzip verankert. Es komme darin zum Ausdruck, dass die Beiträge vom Versicherungsrisiko unabhängig seien, dass im Falle des vorzeitigen Versterbens der Versicherten die geleisteten Beiträge im System verblieben und dass im Krankheitsfall eine Beitragsaussetzung möglich sei. Diese Art von Solidarität sei allerdings in ihrer Wirkung sehr begrenzt und könne den wirtschaftlichen Charakter der Tätigkeit nicht in Zweifel ziehen. Auf einen unstreitigen sozialen Zweck und eine fehlende Gewinnerzielungsabsicht könne nicht allein abgestellt werden. Letztlich wägt der EuGH ab, ob in einem System, in dem unternehmerische Elemente und solche der Solidarität vermischt seien, die einen oder die anderen den Charakter des Systems bestimmten. Nach Auffassung des EuGH reicht jedenfalls der soziale Zweck eines Versicherungssystems allein nicht aus, um dem System den Charakter der wirtschaftlichen Betätigung abzusprechen.

Die in einem Mischsystem mit sozialem Zweck auf der einen Seite und wirtschaftlicher Tätigkeit auf der anderen Seite vorzunehmende Abwägung hat der EuGH in der Sache *„Cisal“*[68] verfeinert, wenn er auch im Gegensatz zu der Sache *„Federation francaise“* in der Sache *„Cisal“* zu einem anderen Ergebnis gelangte.

In der Sache *„Cisal“* wurde das System durch Beiträge finanziert, deren Höhe nicht streng proportional zum versicherten Risiko war, denn der Beitragssatz durfte einen bestimmten Höchstbetrag nicht übersteigen. Eine entstehende Finanzierungslücke wurde solidarisch von allen Einheiten getragen, die derselben Risikogruppe angehörten. Die Beiträge richteten sich auch nicht nach einem Risiko, sondern nach der Höhe der Einkünfte des Versicherten. Die Höhe der Leistungen war nicht von der Höhe der Beiträge abhängig, sondern sie lagen zwischen einem Mindest- und einem Höchstbetrag. Das bewirkte nach Auffassung des EuGH eine starke tatsächliche Solida-

---

[68] Slg. 2002, I 691.

rität zwischen Versicherten mit einem hohen und solchen Versicherten mit einem niedrigen Einkommen. Zudem war die Höhe der Beiträge und die der Leistungen staatlich festgesetzt. In diesem Zusammenhang hält der EuGH eine Pflichtmitgliedschaft für die Umsetzung des Solidaritätsprinzips für ein besonders wichtiges Element.

Für die Beurteilung von Mischsystemen sind ferner vier Entscheidungen des EuGH von Bedeutung, die Sondersysteme der Altersversorgung in den Niederlanden betrafen[69]. Nach diesen Entscheidungen sprächen ein Kapitaldeckungsprinzip, die von den Anlageerträgen abhängige Leistungshöhe und Selbstständigkeit der Einheiten für eine Unternehmenseigenschaft. An dieser Einordnung könnten einige Merkmale, die für das Solidaritätsprinzip sprächen, wie fehlende ärztliche Risikoprüfung vor Eintritt, Fortsetzung des Anwartschaftserwerbs bei Arbeitsunfähigkeit, Insolvenzsicherung, Indexierung der Höhe der Leistung und Berechnung der Beiträge und der Leistungen nach Durchschnittswerten sowie die Verfolgung einer sozialen Zielsetzung nichts ändern.

Neben diesen die Angebotsseite der Krankenkassen betreffenden Entscheidungen hat der EuGH in zwei Verfahren sich mit der Nachfrageseite befasst. Es handelt sich hierbei um die Sache *„AOK-Bundesverband“*[70] und um die Sache *„FENIN“*[71]. In beiden Fällen hat der EuGH die Unternehmenseigenschaft verneint, weil der solidarische Charakter und der soziale Zweck jeweils den zur Entscheidung vorliegenden Sachverhalt prägten.

Zusammenfassend lassen sich dieser Rechtsprechung des EuGH folgende allgemeine Grundsätze entnehmen, die für die vorliegende Prüfung von Bedeutung sind:

---

[69] „Albany“ = Slg. 1999, I-5751; „Brentjens“ = Slg. 1999, I-6025; „Bokken“ = Slg. 1999, I-6121; „Pavlov“ = Slg. 2000, I-6451.

[70] Slg. 2004, I-2493.

[71] Slg. 2003, II-360.

- Auf ein soziales Ziel kommt es allein nicht an, sondern auf die Natur der angebotenen Versicherungsleistung und darauf, wie sie zustande kommt. Anzuknüpfen ist also an den materiellen Charakter der zu prüfenden Tätigkeit.

- Es kommt darauf an, ob die angebotene Leistung in gleicher Weise von im Wettbewerb stehenden Wirtschaftsteilnehmern angeboten werden kann oder ob sich die Versicherungsleistung den klassischen Marktmechanismen entzieht und auf einem Markte von Unternehmen im Wettbewerb so nicht angeboten würde.

- Das Solidaritätsprinzip muss durch Elemente sozialen Ausgleichs ohne Äquivalenzprinzip, durch eine Umlagefinanzierung und einen Versicherungszwang aufgefüllt werden.

Das bedeutet, dass für die Abwägung, ob ein Mischsystem vom Wettbewerbsrecht erfasst wird oder im Bereiche des Sozialrechts verbleibt, von Bedeutung ist, ob die Natur der von einem Sozialversicherungsträger angebotenen Versicherungsleistungen vom Solidaritätsprinzip geprägt ist oder im Wettbewerb sich behaupten muss. Je stärker der Wettbewerb die angebotenen Versicherungsleistungen prägt, umso eher liegt eine wirtschaftliche Tätigkeit vor, die zur Annahme der Unternehmenseigenschaft im Sinne des europäischen Wettbewerbsrechts führt.

II. Zur Umsetzung der Rechtsprechung auf die GKV

Dass die GKV als solche kein Unternehmen im Sinne des Wettbewerbsrechts ist, wenn sie sich in ihrer Tätigkeit auf Krankheitsvollversicherungen nach den Vorschriften des SGB V beschränkt, bedarf keiner weiteren Erörterung. Allerdings bietet die GKV Krankheitsvollversicherungsschutz auch solchen Personen an, die nicht zu den pflichtversicherten Personen im Sinne des SGB V gehören. Man kann sich nach § 9 SGB V freiwillig bei der GKV versichern lassen, wobei grundsätzlich hinsichtlich der Beiträge und des Umfanges des Versicherungsschutzes und der zu empfangenden Leistung kein Unterschied zu den Krankheitsvollversicherungen für Pflichtversicherte besteht.

Über die gesetzliche Krankheitsvollversicherung hinaus will die GKV Zusatzversicherungen und Wahltarife anbieten, was in der PKV schon immer praktiziert wird und sogar allgemein üblich ist. Über 86 % der in der PKV versicherten Personen haben zu ihrer Krankheitsvollversicherung weiteren Versicherungsschutz durch Zusatzversicherungen und / oder Wahltarife erlangt.[72]

Wahltarife im Sinne von § 53 SGB V (vgl. oben C.) stehen in strikter Akzessorietät zu der gesetzlichen Krankheitsvollversicherung. Man kann solche Wahltarife auch als Variationen dieser Krankheitsvollversicherung bezeichnen, wenn man zum Beispiel einen gesetzlich Versicherten eine Selbstbeteiligung in einer bestimmten und variablen Höhe an den entstandenen Krankheitskosten oder Nichtinanspruchnahme der Leistungen der Kasse in einem Versicherungsjahr wählen lässt. Diese Wahltarife sind zugleich dadurch gekennzeichnet, dass sie nur gegenüber den Personen angeboten werden können, die in der gesetzlichen Krankenversicherung vollversichert sind. Dabei ist zu beachten, dass nach § 53 Abs. 3 SGB V die dort aufgeführten Wahltarife angeboten werden müssen, während alle anderen Wahltarife von den Krankenkassen angeboten werden können.

Wie oben unter C. dargelegt, kennt das SGB V darüber hinaus noch den Begriff der Zusatzversicherung. Nach § 194 Abs. 1a SGB V kann die Satzung einer Krankenkasse eine Bestimmung enthalten, nach der die Krankenkasse den Abschluss privater Zusatzversicherungsverträge zwischen ihren Versicherten und privaten Krankenversicherungsunternehmen vermitteln kann. „Gegenstand dieser Verträge

[72] Zahlenbericht der privaten Krankenversicherung 2005 / 2006, herausgegeben vom Verband der privaten Krankenversicherung, S. 27.

können insbesondere die Wahlarztbehandlung im Krankenhaus, der Ein- oder Zweibettzuschlag im Krankenhaus sowie eine Auslandsreisekrankenversicherung sein“ (§ 194 Abs. 1a Satz 2 SGB V). Der Gesetzgeber geht mit dieser Vorschrift offenbar davon aus, dass die in dieser Vorschrift aufgeführten „Zusatzleistungen“ nicht in der gesetzlichen Krankheitsvollversicherung enthalten sind.

Ob nach § 53 Abs. 4 SGB V neben den oben bezeichneten Wahltarifen auch Zusatzversicherungen direkt von den Krankenkassen angeboten werden können, ist streitig. So hat zum Beispiel das Bundesversicherungsamt (siehe oben C. II.) in einem Schreiben an alle Krankenkassen und deren Spitzenverbände vom 13. März 2007 zur Auslegung und Praktizierung einiger neuer Vorschriften des SGB V, eher nebenbei, die Auffassung vertreten, dass „das Angebot eines Kostenerstattungstarifs für Chefarztbehandlung und 2-Bett-Zimmer“ keine Leistungsausweitung der gesetzlichen Krankheitsvollversicherung darstelle, also als Wahltarif gewählt werden könne und nicht als Zusatzversicherung an die gesetzliche Krankheitsvollversicherung angehängt werden müsse oder gar nach § 194 Abs. 1a SGB V nur mit Vermittlung einer Krankenkasse bei einer PKV abgeschlossen werden könne.

Unstreitig ist dagegen, dass bisher solche Zusatzversicherungen von der GKV nicht angeboten worden sind. Unstreitig ist aber auch, dass neuerdings einzelne Krankenkassen solche Tarife anbieten oder anbieten wollen, wohl als Folge des Inkrafttretens des GKV-WSG.

Für die Frage, ob das Angebot von Wahltarifen und / oder Zusatzversicherungen durch die GKV insoweit unternehmerisches Handeln im Sinne des Wettbewerbsrechts ist, wird unterstellt – im Gegensatz zu dem in Teil C gefundenen Ergebnis –, dass das SGB V solche Angebote erlaubt. In einem späteren Schritt wird dann geprüft werden, wie das Angebot von Wahltarifen und / oder Zusatzversicherungen zu bewerten wäre, wenn ein solches Angebot ganz oder teilweise von den Vorschriften des SGB V nicht gedeckt wäre.

1. Die Tätigkeit der GKV beim Anbieten von Krankheitsvollversicherungen gegenüber Personen, die nicht pflichtversichert sind

Es darf als bekannt vorausgesetzt werden, dass sich GKV und PKV um Personen bemühen und an sie herantreten, die nicht pflichtversichert sind, um sie zum Abschluss einer Krankheitsvollversicherung zu bewegen. Dabei kann es sich um folgende Personengruppen handeln:

a. Bisher pflichtversicherte Personen, deren Einkommen seit mindestens drei Jahren die Versicherungspflichtgrenze übersteigt und die aus der Sicht der GKV gehalten werden und aus der Sicht der PKV abgeworben werden sollen.

b. Nicht versicherungspflichtige Personen, die noch keine Krankheitsvollversicherung haben und die sowohl seitens der GKV als auch der PKV zum Abschluss einer Krankheitsvollversicherung veranlasst werden sollen.[73]

c. Bei der GKV freiwillig versicherte Personen, die seitens der PKV zum Austritt aus dem bisherigen Versicherungsverhältnis und zum Abschluss einer Krankheitsvollversicherung bei der PKV bewogen werden sollen.

d. Bei der PKV versicherte Personen, die durch Veränderung der Versicherungspflichtgrenze versicherungspflichtig werden und sich von der Versicherungspflicht befreien lassen können.

Das Bestreben der beiden Seiten, der GKV und der PKV, aus diesen Sektoren einzelne Personen zum Abschluss einer Krankheitsvollversicherung zu bewegen, dokumentiert sich wirtschaftlich in den Zahlen über die so genannte Wanderungsbewegung zwischen PKV und

---

[73] Zwar wird es diese Personengruppe ab 01.01.2009 aufgrund der gesetzlichen Versicherungspflicht nicht mehr geben. Allerdings bleibt die Möglichkeit, Zusatzversicherungen an eigene Versicherte als Werbemittel anzubieten.

GKV: Im Jahre 2005 traten rund 274.000 Personen aus der GKV aus und schlossen eine Krankheitsvollversicherung bei einer PKV ab. In umgekehrter Richtung traten 154.000 Personen aus einer PKV aus und in die GKV ein. Das bedeutet ein Wanderungsgewinn für die PKV von 120.000 Personen im Jahre 2005.[74] Diese Wanderungsbewegung und ihr Ergebnis bedeuten zugleich, dass die „gewanderten“ Personen zu einem gewissen Teil als Nachfrager nach einer Krankheitsvollversicherung jeweils das Angebot der einen oder der anderen Seite als austauschbar angesehen haben und sich marktmäßig verhielten, indem sie sich für das jeweils für sie günstigste Angebot entschieden. Dabei handelt es sich bei diesen Personen nicht um bisher Nichtversicherte, die von der GKV und der PKV beworben werden, erstmalig eine Krankheitsvollversicherung abzuschließen, sondern um bisher bei der einen oder anderen Seite bereits versicherte Personen, die dann teilweise „abgeworben“ worden sind.

Diese Sicht kann auf die bisher nicht versicherten Personen übertragen werden. Auch hier wird aus der Sicht des vernünftigen Nachfragers offenbar das Angebot von Krankheitsvollversicherungen durch GKV und PKV ohne weiteres für austauschbar gehalten. Es besteht kein Anlass zu unterstellen, dass bei dieser Gruppe die Angebote von GKV einerseits und PKV andererseits durch die potentiellen Nachfrager nicht verglichen und gegeneinander abgewogen werden. Dabei kann es jedenfalls bis zum 01.01.2009 für einzelne Personen aus dieser Gruppe durchaus vorteilhafter zum Beispiel sein, als junger und sehr gut verdienender Nachfrager wegen der niedrigeren Prämie letztlich eine Krankheitsvollversicherung bei einer PKV abzuschließen. Ebenso mag es für einzelne Personen günstiger sein, in die GKV einzutreten. Solche individuellen Präferenzen scheiden für die Betrachtung, ob insgesamt wirtschaftliches Handeln im Sinne des EuGH seitens der GKV vorliegt, aus.

Ausgehend von diesem Sachverhalt soll das Angebot der GKV an Personen, die nicht pflichtversichert sind, eine Krankheitsvollversi-

---

[74] A.a.O., S. 25.

cherung abzuschließen, an den oben dargestellten Leitgedanken des EuGH dahingehend geprüft werden, ob ein unternehmerisches Verhalten der GKV vorliegt, das den Wettbewerbsregeln unterliegt.

Der materielle Gehalt der zu prüfenden Tätigkeit besteht, wie oben ausgeführt, in dem Angebot einer Krankheitsvollversicherung gegenüber Personen, die nicht zu den Pflichtversicherten gehören. Die Annahme dieses Angebotes ist freiwillig und hat kein soziales Ziel. Das gegenseitige Abwerben von versicherten Personen und das Werben um Personen, die noch nicht versichert und keine Pflichtversicherten sind, ist typisches Wettbewerbsverhalten, das auf Vergrößerung des eigenen Marktanteils gerichtet ist.

Die Tatsache, dass man sich bei der GKV freiwillig versichern kann und bewusst oder unbewusst in die Solidargemeinschaft eintritt, bedeutet noch nicht, dass es ein von der sozialen Ordnung gestecktes Ziel ist, die Solidargemeinschaft ständig zu vergrößern und Versicherte bei der PKV abzuwerben und Personen einzuwerben, die nicht zum Kreis der Pflichtversicherten gehören. Die vom Gesetzgeber gestellte Aufgabe ist nicht Ausweitung der Solidargemeinschaft, sondern Verwaltung, Durchführung und Erfüllung der gesetzlichen Vorgaben für eine Pflichtversicherung für die ganz überwiegende Mehrheit der Bundesbürger. Die Solidargemeinschaft an sich ist hinsichtlich des Kreises der einbezogenen Personen gesetzlich umrissen und definiert. Darin liegt aber zugleich eine Beschränkung des sozialen Zweckes auf den Kreis von Personen, die der Gesetzgeber als pflichtversicherte Zwangsmitglieder der Solidargemeinschaft zuschreibt und der Notwendigkeit enthebt, selbstverantwortlich auf einem Markte für eigenen Schutz im Falle einer Erkrankung zu sorgen.

Nimmt man die Wanderungsbewegung nicht nur als statistisches Faktum, sondern als Ergebnis unternehmerischer Strategien, dann wird sichtbar, dass aktives Wettbewerbsverhalten ausgeübt worden ist, und zwar von beiden Seiten, sowohl von der PKV als auch von der GKV. Die Wanderungsbewegung ist nicht nur Ergebnis von Nachfrage, sondern von Angebot und Nachfrage, wobei dem Angebot das aktive Moment zuzumessen ist.

Die Wanderungsbewegung ist aber zugleich ein Beweis für marktgängige Leistungen, die von beiden Seiten erbracht werden. Die von der GKV angebotene Krankheitsvollversicherung konkurriert offenbar voll mit den seitens der PKV angebotenen Leistungen. Das, was die GKV anbietet, ist zwar unter dem Regime des SGB V entstanden, aber aus der Sicht der Nachfrager ein Wettbewerbsangebot, das im Wettbewerb mit der PKV angeboten wird.

Es ist richtig, dass mit dem Erwerb einer freiwilligen Krankheitsvollversicherung ein Eintritt in die Solidargemeinschaft der Pflichtversicherten stattfindet, die durch sozialen Ausgleich und Umlagefinanzierung gekennzeichnet ist. Der freiwillig bei der GKV Versicherte bleibt ein Fremdkörper in dem System der Solidargemeinschaft. Er kann nicht nur jederzeit wieder austreten. Die GKV muss im Gegensatz zu den pflichtversicherten Mitgliedern versuchen, ihn im Wettbewerb zu den PKV-Unternehmen zu halten.

Für die hier zu betrachtende Tätigkeit der GKV tritt im Gegenteil der soziale Zweck völlig in den Hintergrund. Das deutsche System der auf dem SGB V gegründeten Pflichtversicherung will bestimmte Personengruppen nämlich erst einmal nicht erfassen. Dazu gehören zum Beispiel Selbstständige oder Beamte. Diese Personengruppen werden nach Auffassung des Gesetzgebers für den sozialen Ausgleich nicht benötigt. Ihr Beitrag für die Solidargemeinschaft ist möglich, aber nicht erforderlich. Mit dem Verzicht auf den Einschluss dieser Gruppen hat der Gesetzgeber zugleich eine Wertung getroffen, was für den Erhalt des sozialen Systems notwendig ist und was nicht. Diese Wertung aber ist der Kern der Frage des EuGH nach der Natur der angebotenen Leistung. Sie richtet sich hier nicht auf die Erhaltung und Stützung des Systems, sondern auf den Wettbewerb mit anderen Marktteilnehmern.

Im Ergebnis ist daher festzustellen, dass die GKV eine wirtschaftliche Tätigkeit ausübt, wenn sie sich um diejenigen Personen, die nicht versicherungspflichtig sind, bemüht, um sie in der nach den gesetzlichen Voraussetzungen des SGB V aufgestellten Krankheitsvollversicherung zu halten.

2. Die Tätigkeit der GKV beim Anbieten von Wahltarifen

Die GKV bietet fast allen Pflichtversicherten[75] und auch den bei ihr freiwillig Versicherten Wahltarife an, unter anderem Selbstbehalt- und Beitragsrückerstattungstarife, Kostenerstattungstarife, Tarife für besondere Therapieformen oder Hausarzttarife. Diese Wahltarife teilen sich in zwei Gruppen: in obligatorische und optionale Wahltarife. Ob solche Angebote als wirtschaftliche Tätigkeit im Sinne der Rechtsprechung des EuGH anzusehen sind und damit dem Wettbewerbsrecht unterliegen, ist nunmehr zu untersuchen. Dabei wird auch die Frage zu beantworten sein, ob eine solche Betrachtung zu unterschiedlichen Ergebnissen bei den Wahltarifen für Pflichtversicherte oder bei Wahltarifen für freiwillig Versicherte führen muss.

a) Obligatorische Wahltarife für Pflichtversicherte

Nach § 53 Abs. 3 SGB V hat jede GKV in ihrer Satzung zu regeln, dass für Versicherte, die an besonderen Versorgungsformen nach den §§ 63, 73b, 73c, 137f. oder 140a SGB V teilnehmen, Wahltarife angeboten werden. Wählt der Versicherte einen solchen Tarif, ist er für ein Jahr an den Tarif und die Krankenkasse gebunden. Die Krankenkasse kann, muss aber nicht, für Teilnehmer an diesen Wahltarifen Prämienzahlungen und Zuzahlungsermäßigungen vorsehen. Es versteht sich von selbst, dass solche Tarife nur von Mitgliedern der GKV gewählt werden können.

An erster Stelle steht hier der Aspekt, dass diese Wahltarife kraft Gesetzes angeboten werden müssen. An zweiter, dass diese Wahltarife streng akzessorisch zu der nach den Vorschriften des SGB V ausgestalteten Grund-Krankheitsvollversicherung sind. An dritter, dass es sich bei den besonderen Versorgungsformen wiederum um spezielle durch das Gesetz ausgeformte Krankheitsvollversicherungen handelt.

---

[75] Empfänger von Arbeitslosengeld können keine Selbstbehaltstarife, Beitragsrückerstattung oder Tarife für besondere Therapieformen wählen.

Ausgangspunkt im Sinne der Rechtsprechung des EuGH ist auch hier die Natur der angebotenen Versicherungsleistung. Da es sich um eine Pflichtversicherung im Sinne des SGB V handelt, die über das gesetzliche Wahlrecht verändert werden kann, folgt allein schon aus der strikten Akzessorietät der soziale Charakter der gewählten Variante. Die aus der Ausübung des gesetzlichen Wahlrechts folgende Veränderung der dem sozialen Bereich zuzuordnenden Pflichtversicherung kann weder selbst noch in der Folge als wirtschaftliche Tätigkeit im Sinne des EuGH bezeichnet werden. Die besonderen Versorgungsformen nach § 53 Abs. 3 SGB V sind ihrerseits Teile des sozialen Systems. Trotz des Wahlrechts verbleiben die Versicherten auch in der Zwangsmitgliedschaft.

Im Ergebnis ist daher festzustellen, dass das Anbieten obligatorischer Wahltarife nach § 53 Abs. 3 SGB V keine wirtschaftliche Tätigkeit ist, die vom Wettbewerbsrecht erfasst wird. Die GKV sind insoweit nicht Unternehmen.

b) Obligatorische Wahltarife für freiwillig Versicherte

Nach § 53 Abs. 3 SGB V hat die GKV die dort genannten Wahltarife nicht nur den Pflichtversicherten, sondern allen ihren Versicherten, also auch den bei ihr freiwillig Versicherten anzubieten. Wir haben oben (F. II. 1.) gesehen, dass die den freiwillig Versicherten angebotene und von ihnen bei der GKV abgeschlossene Krankheitsvollversicherung in den Bereich des wirtschaftlichen Handelns fällt. Die Wahltarife nach § 53 Abs. 3 SGB V setzen nun den Abschluss einer solchen Krankheitsvollversicherung im Grunde voraus. Nur unter dieser Voraussetzung macht die den Versicherten gegebene Wahlmöglichkeit einen Sinn.

Für den Tatbestand der freiwillig Versicherten wirkt die eben erwähnte Akzessorietät für das obligatorische Wahlrecht nach § 53 Abs. 3 SGB V bei den Krankheitsvollversicherungen für gesetzlich Versicherte zwar in gleicher Weise, aber mit unterschiedlichem Ergebnis: Bezieht sich das Wahlrecht im Falle der Pflichtversicherten auf eine gesetzliche Pflichtversicherung, die dem sozialen Bereich zuzuordnen ist, ist es im Falle eines freiwillig Versicherten einer dem Wettbewerbsrecht unterliegenden Versicherung zuzuordnen, und das ist nach der Rechtsprechung des EuGH eine wirtschaftliche Tätigkeit der GKV. Die GKV bleibt also in diesem Falle auch dann Unternehmen, obwohl die Einführung des Wahlrechts nach § 53 Abs. 3 SGB V für sie eine gesetzliche Pflicht ist.

c) Optionale Wahltarife für Pflichtversicherte

Unter optionalen oder freiwillig von der GKV angebotenen Tarifen versteht man solche, die die GKV anbieten kann. Hierzu gehören nach § 53 Abs. 1 SGB V Tarife mit Selbstbehalt, bei denen die Mitglieder einen Teil der Kosten selbst zu tragen haben. Nach § 53 Abs. 2 SGB V können Tarife angeboten werden, die Vergünstigungen für den Fall der Nichtinanspruchnahme vorsehen. Außerdem kann die Satzung nach § 53 Abs. 4 SGB V vorsehen, dass Mitglieder Tarife für Kostenerstattung auch mit unterschiedlicher Höhe der Kostenerstattung wählen können. Die Kassen können auch unterschiedlichen Leistungsumfang nach § 53 Abs. 5 und 7 SGB V anbieten.

Diese Wahltarife sind von ihrer Natur her immer einer Krankheitsvollversicherung zugeordnet, wie sie durch das SGB V formal und inhaltlich bestimmt ist und durch die GKV als Pflichtversicherung den Zwangsmitgliedern anzubieten ist. Sie sind von der Pflichtversicherung nicht zu trennen und verbleiben zu ihr strikt akzessorisch. Sie können selbstständig nicht auf einem Markte angeboten werden. Das gesetzgeberische Ziel bei der Einführung solcher Wahltarife war, den gesetzlich Versicherten einen, wenn auch schmalen, Spielraum bei der Ausgestaltung der sonst einheitlichen gesetzlichen Pflichtversicherung einzuräumen. Trotz einer gewissen Variationsbreite verbleiben auch solche Versicherungen voll im Solidaritätsprinzip und sind im Kern durch Umlagefinanzierung und Elemente sozialen Ausgleichs gekennzeichnet.

d) Optionale Tarife für freiwillig Versicherte

Für solche Tarife gilt das oben unter b. Gesagte. Aus der Akzessorietät folgt auch hier, dass es sich um wirtschaftliche Tätigkeit handelt. Dazu kommt noch die folgende Überlegung: Seit jeher werden im Prinzip solche Wahltarife von der PKV für ihre eigenen Versicherten angeboten. Sie sind eines der Argumente im Wettbewerb zur ansonsten starren Krankheitsvollversicherung der GKV. Das Angebot seitens der GKV wiederum, Krankheitsvollversicherungen einschließlich solcher Wahltarife im Wettbewerb gegenüber der PKV zu verwenden, verstärkt den Charakter der zugrunde liegenden Vollversicherung als einer wirtschaftlichen Tätigkeit im Sinne der Rechtsprechung des EuGH.

3. Zusatzversicherungen

Die gesetzlichen Krankenkassen bieten darüber hinaus Zusatzversicherungen an, die Leistungen zum Gegenstand haben, die nicht von der obligatorischen gesetzlichen Krankheitsvollversicherung gedeckt werden. Vom Gegenstand her handelt es sich zum Beispiel um Zusatzversicherungen für die so genannte Chefarztbehandlung und Unterbringung im Ein- oder Zweibettzimmer. Ähnliches gilt bei den freiwillig anzubietenden Tarifen für besondere Therapieformen außerhalb des § 53 Abs. 3 SGB V. Hier zahlen die gesetzlich Versicherten eine Zusatzprämie, um sich zum Beispiel homöopathische oder anthroposophische Arzneimittel, die nicht zur Regelversorgung der GKV gehören, erstatten lassen zu können.

Diesen Zusatzversicherungen ist gemeinsam, dass sie als ein Versicherungstyp in der Breite von der PKV bisher schon immer angeboten worden sind, und zwar, was hier besonders wichtig ist, nicht nur gegenüber den eigenen Versicherten, sondern auch gegenüber den bei der GKV Pflicht- und/ oder freiwillig Versicherten. Die PKV deckt nämlich mit den von ihr der Bevölkerung insgesamt angebotenen Zusatzversicherungen einen selbstständigen Teil derjenigen Nachfrage nach Vorsorge im Krankheitsfall ab, der nicht von einer privaten oder gesetzlichen Krankheitsvollversicherung erfasst wird. Dass die von der PKV angebotenen Zusatzversicherungen weit über den Bereich der bei ihr versicherten Personen hinausgehen, zeigen die folgenden Zahlen: Es gab bei der PKV 8.373.000 Mio. Vollversicherte. Die PKV haben aber 17.087.000 Mio. Zusatzversicherungen abgeschlossen.[76] Und in dieser Zahl sind 11.692.000 Mio. Zusatzversicherungen enthalten, die mit Personen abgeschlossen worden sind, die bei der GKV eine Krankheitsvollversicherung haben.[77] Diese Zusatzversicherungen haben immerhin einen Anteil von ca. 12 % am Gesamtbeitragsvolumen der PKV.[78]

Der Unterschied zu den oben behandelten Wahltarifen liegt darin, dass diese Zusatzversicherungen nicht Teil der gesetzlichen Krankheitsvollversicherung sind. Sie verändern nicht die zugrunde liegende Vollversicherung und sind absolut freiwillig und sollen gerade diejenigen Risiken abdecken, die mit der zugrunde liegenden privaten oder gesetzlichen Krankheitsvollversicherung nicht abgedeckt sind. Für diese Zusatzversicherungen gilt, dass jeder Tarif sich selbst tragen muss. Eine Quersubventionierung zum Beispiel aus den Einnahmen der gesetzlichen Krankheitsvollversicherung ist ausgeschlossen. Bei der Genehmigung solcher Zusatzversicherungen durch das Bundesversicherungsamt ist dies nachzuweisen.

Subsumiert man also, wie es das Bundesversicherungsamt will[79], Zusatzversicherungen wenigstens teilweise unter § 53 SGB V, dann besteht wegen der mangelnden Akzessorietät zu gesetzlichen Vollversicherungen die hier zu unterstellende Möglichkeit für die GKV, solche Zusatzversicherungen anzubieten.

Nach den in der Rechtsprechung des EuGH gefundenen Maßstäben sind solche Zusatzversicherungen als wirtschaftliches Handeln anzu-

---

[76] Anm. 25, S. 16.

[77] A.a.O., S. 30.

[78] A.a.O., S. 17.

[79] Schreiben des Bundesversicherungsamtes vom 13.03.2007.

sehen, das vom Wettbewerbsrecht erfasst werden kann. Von der Natur der angebotenen Versicherungsleistung her handelt es sich um eine solche, die bereits seit langem von Unternehmen im Wettbewerb auf einem Markte angeboten wird und auch noch in Zukunft üblicherweise angeboten werden wird. Die angebotene Leistung entzieht sich nicht den klassischen Marktmechanismen, denn wenn solche Zusatzversicherungen bei der GKV teurer wären als bei der PKV, könnte in der GKV eine solche Zusatzversicherung nicht mehr abgesetzt werden. Die Zusatzversicherungen dürfen auch nicht durch eine allgemeine Umlagefinanzierung bei allen gesetzlich Versicherten und den Solidarausgleich unter den Krankenkassen abgedeckt werden. Ein Versicherungszwang besteht nicht.

4. Zusammenfassung

Gemessen an der Rechtsprechung des EuGH übt nach den obigen Ausführungen die GKV eine wirtschaftliche Tätigkeit in folgenden Bereichen aus:

a) beim Angebot von Krankheitsvollversicherungen an bisher Nichtversicherte, die keine Zwangsmitglieder sind;

b) beim Angebot an bisher bei der PKV versicherte Personen;

c) beim „Halten“ von bei ihr freiwillig versicherten Personen;

d) beim Angebot von obligatorischen und optionalen Wahltarifen an bei ihr freiwillig versicherte Personen;

e) beim Angebot von Zusatzversicherungen an bei ihr Pflichtversicherte oder freiwillig Versicherte.

Damit unterfällt sie in diesen Bereichen im Prinzip dem Wettbewerbsrecht. Als nächstes ist deshalb zu untersuchen, auf welchem relevanten Markt im Sinne des Wettbewerbsrechts diese Tätigkeiten ausgeübt werden, denn nur nach einer sachlichen und räumlichen Marktabgrenzung kann nach der Adressateneigenschaft der GKV im Sinne des Art. 82 EG und des § 19 GWB gefragt werden.

III. Der relevante Markt

Mit der Marktabgrenzung wird die Voraussetzung für die Anwendung europäischen und deutschen Wettbewerbsrechts geschaffen. Ohne eine Abgrenzung des relevanten Marktes sind die Handlungsspielräume von Unternehmen, die gegebenenfalls dem Vorwurf ausgesetzt sind, den Wettbewerb zu beschränken, nicht feststellbar. Der relevante Markt hat drei Dimensionen: eine sachliche Dimension, also die Frage nach den Produkten oder Dienstleistungen, eine räumliche Dimension, also die Frage, auf welchem geographischen Gebiet die Produkte oder Dienstleistungen angeboten werden, und eine zeitliche, die für die vorliegende Untersuchung vernachlässigt werden kann.

Wirtschaftliche Tätigkeit im Sinne der Rechtsprechung des EuGH, die dem Wettbewerbsrecht unterliegen soll, kann nur auf Märkten ausgeübt werden. Wie oben unter II. festgestellt, handelt die GKV in mehrfacher Weise wirtschaftlich: Einmal handelt sie wirtschaftlich, indem sie Krankheitsvollversicherungen denjenigen Personen anbietet, die bei ihr nicht pflichtversichert sind, und indem sie Versuche der PKV abwehrt, bei ihr freiwillig Versicherte abzuwerben. Sie übt weiter eine wirtschaftliche Tätigkeit aus, indem sie bei ihr freiwillig Versicherten Wahltarife anbietet. Und schließlich handelt sie wirtschaftlich, wenn sie Zusatzversicherungen bei ihr versicherten Personen anbietet. Auf welchen Märkten diese wirtschaftlichen Tätigkeiten ausgeübt werden, ist in einem nächsten Schritt zu untersuchen.

1. Der sachlich relevante Markt

Nach der Definition der EU-Kommission umfasst der sachlich relevante Produktmarkt sämtliche Erzeugnisse und / oder Dienstleistungen, die von den Verbrauchern hinsichtlich ihrer Eigenschaften, Preise und ihres vorgesehenen Verwendungszweckes als austauschbar oder substituierbar angesehen werden.[80] Die Kommission schließt

[80] Bekanntmachung der Kommission zum relevanten Markt, Rn. 7.

sich damit eng an die deutsche und in ständiger höchstrichterlicher Praxis verwendete Definition des relevanten Marktes an.[81]

Misst man an dieser Definition die von der GKV ausgeübten und oben unter II. beschriebenen wirtschaftlichen Tätigkeiten, die nach der Rechtsprechung des EuGH dem Wettbewerbsrecht unterliegen, kommt man zu folgenden Ergebnissen:

a. Es gibt eine Nachfrage nach Krankheitsvollversicherungen seitens solcher Personen, die nicht pflichtversichert sind. GKV und PKV auf der Angebotsseite bieten solche Versicherungen den Nachfragern an. Wie die Wanderungsbewegung (s. oben II. 1) der Versicherten zwischen der GKV und der PKV und umgekehrt zeigt, halten die Nachfrager die angebotenen Dienstleistungen offenbar für austauschbar. Aus der Sicht der Anbieter und der Nachfrager herrscht zwischen ihnen Wettbewerb. Eine Substitution durch andere Dienstleistungen ist nicht erkennbar, denn eine Krankheitsvollversicherung ist nicht durch eine andere Dienstleistung ersetzbar. Nachfrage und Angebot begrenzen insoweit einen sachlich relevanten Markt für Krankheitsvollversicherungen.

   Da die Wahltarife (s. oben II. 2) streng akzessorisch zu den Krankheitsvollversicherungen sind, sind sie in diesen sachlich relevanten Markt mit einzubeziehen, jedenfalls soweit sie wirtschaftliche Tätigkeit der GKV sind. Das Angebot von obligatorischen und optionalen Wahltarifen ist wirtschaftliche Tätigkeit, soweit diese Tarife gegenüber freiwillig Versicherten angeboten werden. Aus der Sicht eines verständigen Nachfragers / Verbrauchers und auch aus der Sicht der Anbieter handelt es sich nur um Variationen der zugrunde liegenden Krankheitsvollversicherung. Selbstbehalt und Kostenerstattung zum Beispiel sind nur möglich, wenn die „normale" Krankheitsvollversicherung abgeschlos-

[81] KG WuW / E 995 – *Handpreisauszeichner*; BGH in st. Rspr. z. B WuWE / BGH 2150 – *Edelstahlbestecke*; WuWE / BGH 3026 – *Backofenmarkt*; WuWE / BGH 3058 – *Pay-TV-Durchleitung*.

sen worden ist. Es gibt kein Angebot von Wahltarifen für sich allein.

Die Nachfrage nach einem bestimmten Tarif, zum Beispiel für eine Selbstbeteiligung in einer vertraglich festzulegenden Höhe, führt auch nicht zur Bildung eines selbstständigen Teilmarktes „Krankheitsvollversicherung mit Selbstbeteiligung in Höhe von x". Alle Anbieter von Krankheitsvollversicherungen können ebenfalls diese spezielle Versicherung anbieten. Die Nachfrage nach einer Variante verbleibt im Markt für Krankheitsvollversicherungen.

b. Wie oben (II. 3) festgestellt, übt die GKV eine wirtschaftliche Tätigkeit beim Angebot von Zusatzversicherungen aus.

Zusatzversicherungen sind nicht notwendig akzessorisch zu einer Krankheitsvollversicherung. So kann eine Krankentagegeldversicherung ohne eine Krankheitsvollversicherung abgeschlossen werden, wenn auch normalerweise kaum Zusatzversicherungen ohne eine Vollversicherung abgeschlossen werden. Das besagt auch schon der Name. Für die vorliegende Prüfung ist aber ausschlaggebend, dass es sich nicht wie bei den Wahltarifen um Variationen der zugrunde liegenden Vollversicherung handelt, sondern um Leistungen, die gerade nicht in die Krankheitsvollversicherung eingeschlossen sind. Alle Zusatzversicherungen sind letztlich Leistungsausweitungen.

Für die hier anzustellende Untersuchung ist aus der Sicht des Wettbewerbsrechts nun von besonderer Bedeutung, dass es seit jeher einen real existierenden Markt für Zusatzversicherungen gibt, auf dem eine Vielzahl von PKV-Unternehmen tätig sind. Ob und welche Produkte auf diesem Markt angeboten und nachgefragt werden, ist deshalb nicht eine Frage des Sozialrechts, sondern eine Frage der Realität. Für die Marktabgrenzung ist es deshalb auch unerheblich, ob und welche Wahltarife und ihnen evtl. immanente Zusatzversicherungen der GKV genehmigt werden.

Entscheidend ist vielmehr, ob es sich bei den Zusatzversicherungen um einen einheitlichen Markt oder um getrennte Teilmärkte handelt, denn aus der Sicht eines Nachfragers ist zum Beispiel eine Krankentagegeldversicherung nicht mit einer Zusatzversicherung für Chefarztbehandlung und Ein- bzw. Zweibettzimmer, für Zahnersatz oder für Heilpraktikerleistungen austauschbar.

Für die Zugehörigkeit von Produkten und Dienstleistungen unterschiedlicher Art zu einem Markte oder zu verschiedenen (Teil)Märkten ist einmal die Nachfrageflexibilität zu ermitteln. Für den vorliegenden Fall würde eine solche Flexibilität fehlen, denn kein vernünftiger Nachfrager würde die eben beispielhaft genannten Zusatzversicherungen für austauschbar halten, selbst wenn sie im Preise gleich wären. Es kommt aber für die Marktabgrenzung in gleichem Umfange auch auf die Angebotsflexibilität an, die hier bei allen auf der Angebotsseite tätigen Unternehmen voll vorhanden ist. Selbst wenn nur ein einziger Anbieter eine bestimmte und neue Zusatzversicherung anbieten würde, wären alle Wettbewerber ohne weiteres in der Lage, solche Zusatzversicherungen anzubieten. Im vorliegenden Fall wird auch berücksichtigt werden müssen, dass nicht alle Anbieter auf einem solchen Markt ständig die gesamte denkbare Palette der Produkte anbieten müssen. Einzelne Anbieter sind durchaus in der Lage, nur einzelne und von ihnen ausgewählte Zusatzversicherungen anzubieten, wenn sie potentiell sofort für ihre Strategie den Kreis der bisher angebotenen Zusatzversicherungen verändern können.

Unterschiedliche Produkte und Dienstleistungen sind deshalb einem Markte dann zuzuordnen, sofern die meisten Anbieter in der Lage sind, die verschiedenen Produkte unverzüglich und ohne erhebliche Zusatzkosten anzubieten.[82]

---

[82] S. Anm.1, Rn. 32, Rn. 21.

Danach handelt es sich bei den Zusatzversicherungen um einen einheitlichen Markt, auf dem auf der Angebotsseite die GKV und die PKV den Nachfragern nach den einzelnen Zusatzversicherungen gegenüberstehen.

2. Der räumlich relevante Markt

Neben der Ermittlung des sachlich relevanten Marktes muss festgestellt werden, in welchen geographischen Regionen die Unternehmen tätig sind, deren Verhalten nach dem deutschen und europäischen Wettbewerbsrecht untersucht werden soll. Das ist für den vorliegenden Fall besonders wichtig, weil eine mögliche marktbeherrschende Stellung der GKV für die Anwendung des europäischen Wettbewerbsrechts mindestens auf einem wesentlichen Teil des gemeinsamen Marktes bestehen muss.

Der räumliche Markt ist dasjenige Territorium, auf dem die Wettbewerbsbedingungen hinreichend homogen sind, um eine Einschätzung der wirtschaftlichen Macht des betroffenen Unternehmens zu ermöglichen.[83] Das ist hier der Markt der Bundesrepublik. Die GKV ist kraft Gesetzes in ihrer Tätigkeit, sowohl was den sachlichen Markt für Krankheitsvollversicherungen einschließlich der Wahltarife als auch den Markt für Zusatzversicherungen anbetrifft, auf das Gebiet der Bundesrepublik beschränkt. Für dieses Gebiet gelten gleiche Bedingungen, was die Angebotsseite, aber auch die Nachfrageseite anbetrifft. Es gibt keinerlei Hinweise dafür, dass die auf diesem Markt tätigen Unternehmen regional unterschiedliche Angebote machen oder unterschiedliche Strategien ausbringen. Allerdings ist die GKV hier nicht nur deutschen PKV-Unternehmen im Wettbewerb ausgesetzt, sondern allen ausländischen Versicherern, die tatsächlich oder potentiell auf den beiden Märkten tätig sind.

---

[83] A.a.O. Rn. 8, EuGH Slg. 1978, 2007 – *United Brands.*

3. Zusammenfassung

Soweit die GKV im Sinne der Rechtsprechung des EuGH wirtschaftlich auf dem Gebiet der Bundesrepublik tätig wird, handelt sie auf zwei Märkten, dem Markt für Krankheitsvollversicherungen einschließlich ihrer Wahltarife, begrenzt auf nicht pflichtversicherte Personen, zum Beispiel nach § 8 SGB V, und auf einem Markt für Zusatzversicherungen. Auf diesen beiden Märkten ist nunmehr zu untersuchen, ob die GKV als Adressat von Art. 82 EG und § 19 GWB in dem Sinne anzusehen ist, dass sie auf beiden oder auf einem dieser Märkte eine marktbeherrschende Stellung einnimmt.

IV. Zur marktbeherrschenden Stellung der GKV

Eine marktbeherrschende Stellung wird angenommen, wenn das betreffende Unternehmen Raum für unabhängige Verhaltensweisen hat, die es in die Lage versetzt, ohne Rücksichtnahme auf die Marktgegenseite oder Wettbewerber zu handeln. Dies ist dann der Fall, wenn das Unternehmen auf der Basis seiner gesamten Ressourcen für einen bedeutenden Teil der Produkte, die dem sachlich relevanten Markt zuzuordnen sind, die Preise und die Produkte kontrollieren kann.

Marktbeherrschung kann in verschiedenen Formen gegeben sein. Es kann sich einmal um eine individuelle Beherrschung durch ein Unternehmen handeln, es können aber auch mehrere Unternehmen gemeinsam eine marktbeherrschende Stellung einnehmen. Für diese kollektive Marktbeherrschung ist zu prüfen, ob die beteiligten Unternehmen gegenüber ihren Wettbewerbern, ihren Geschäftspartnern und den Verbrauchern auf einem Markte sich als *kollektive Einheit* darstellen.[84] Dies soll der Fall sein, wenn zwischen den Unterneh-

---

[84] EuGH v. 13.03.2000 = Slg. 2000 I, 1365, 1458 „Compagnie Maritime Belge Transports"; s.a. Komm. Dez. 2005 Diskussionspapier zur Anwendung des Art. 82 EG, Tz. 44.

men kein wirksamer Wettbewerb stattfindet, die Unternehmen ein einheitliches Marktverhalten haben und eine gemeinsame Geschäftspolitik auf dem relevanten Markt ausüben. Diese Voraussetzungen sind im vorliegenden Falle gegeben. Insoweit kann auf die Ausführungen unter B. verwiesen werden.

1. Zur marktbeherrschenden Stellung der GKV auf dem Markte „Krankheitsvollversicherungen für freiwillig Versicherte unter Einschluss von Wahltarifen“

Geht man von der oben unter F. II.1 getroffenen Feststellung aus, dass es zwischen der GKV und der PKV eine Wanderungsbewegung dergestalt gibt, dass die PKV im Jahre 2005 der GKV 274.000 bis dahin dort Versicherte abgeworben hat, andererseits zur GKV 154.000 Personen übertraten und dass die PKV einen Wanderungsgewinn von 120.000 Personen erzielen konnte, dann kann für diesen Markt nur sehr schwer vom Ergebnis her von einer marktbeherrschenden Stellung der GKV gesprochen werden. Zwischen der PKV und der GKV herrscht offenbar Wettbewerb. Es kommt also für diesen Markt nicht auf eine eigene Untersuchung an, ob Marktstruktur und Marktverhalten der Marktteilnehmer den Schluss auf einen unbeschränkten Verhaltensspielraum der GKV zulassen. Da das Marktergebnis eindeutig für Wettbewerb spricht, wird auf eine eingehende Untersuchung hier verzichtet.

2. Zur marktbeherrschenden Stellung der GKV auf dem Markte für Zusatzversicherungen

Bisher war die GKV auf dem Markt für Zusatzversicherungen nicht tätig. Sie will nunmehr in diesen Markt eintreten, wobei hier unterstellt werden soll, dass dieser Markteintritt nach den Vorschriften des SGB V zulässig ist. Wie bei der Abgrenzung des sachlich relevanten Marktes oben unter III. 1 beschrieben wurde, kommt es dabei nicht darauf an, ob die GKV sofort als Anbieter aller denkbaren Zusatzversicherungen auf den Markt tritt. Es reicht aus, wenn die GKV einzelne Zusatzversicherungen anbietet und damit zu erkennen gibt, dass sie sich als Teil der Angebotsseite mit allen potentiellen Aspekten betätigen wird.

Ob und wann ein Unternehmen im Sinne von Art. 82 EG und § 19 GWB marktbeherrschend ist, bestimmt sich nach Marktstruktur- und Marktverhaltenskriterien. Dabei ist die Marktstruktur eher ein statisches Element und konzentriert sich auf die Feststellung des fehlenden Wettbewerbs. Da die GKV auf dem Markte für Zusatzversicherungen bisher noch nicht tätig war, ist dieses Element für den vorliegenden Fall wenig tauglich. Die GKV hat insbesondere noch keinen hohen Marktanteil auf dem zu untersuchenden Markt erlangt, der normalerweise als Ausgangspunkt für die Marktstrukturbetrachtung genommen wird. Es sei an dieser Stelle nur beiläufig erwähnt, dass nach deutschem Wettbewerbsrecht bei einem Marktanteil von einem Drittel eine marktbeherrschende Stellung vermutet wird (§ 19 Abs. 3 GWB).

Das dynamische Element des Marktverhaltens hingegen ist eher geeignet, die hier gestellte Frage zu beantworten. Für das dynamische Element des Marktverhaltens wird nach der Fähigkeit zur konkreten Verhinderung wirksamen Wettbewerbs gefragt. Im Mittelpunkt steht die wirtschaftliche Kraft eines Unternehmens, die es ihm ermöglicht, Konkurrenten zu verdrängen oder zu disziplinieren oder Marktpartnern einseitig Bedingungen aufzuerlegen.[85] Es handelt sich um die wirtschaftliche Machtstellung eines Unternehmens, die dieses in die Lage versetzt, die Aufrechterhaltung eines wirksamen Wettbewerbs auf dem relevanten Markt zu verhindern, indem sie ihm die Möglichkeit verschafft, sich seinen Wettbewerbern, seinen Abnehmern und schließlich den Verbrauchern gegenüber in einem nennenswerten Umfang unabhängig zu verhalten.[86] Eine solche Stel-

---

[85] *Möschel* in: Immenga / Mestmäcker, Wettbewerbsrecht, Teil 1, 4. Aufl., Rdziff. 64 zu Art. 82.

[86] EuGH Slg. 1978, 207 *United Brands*.

lung ist gegeben, wenn ein Unternehmen nicht mehr auf anonymen Wettbewerbsdruck reagieren muss, sondern umgekehrt in der Lage ist, sich unabhängig vom Wettbewerb zu verhalten oder die Wettbewerbsbedingungen zu kontrollieren. Unter diesen Voraussetzungen spricht auch ein lebhafter Restwettbewerb nicht zwingend gegen das Vorliegen einer marktbeherrschenden Stellung. Die starke Position des fraglichen Unternehmens zeigt sich gerade darin, dass dessen Verhaltensspielraum von dem noch vorhandenen Wettbewerb nicht begrenzt wird.[87]

Die wirtschaftliche Kraft der GKV nach ihrem Markteintritt als Newcomer auf dem Markt für Zusatzversicherungen ist wie folgt zu beschreiben:

Über ihren gesamten organisatorischen Aufbau ist sie mit ihren Mitgliedern, seien es Pflicht- oder freiwillig Versicherte, eng verbunden. Sie verfügt im Gegensatz zu den Unternehmen der PKV, die ganz wesentlich über selbstständig agierende Vermittler ihre Angebote einzeln den Nachfragern darbieten müssen, über eine hauseigene Organisationsstruktur, die den sofortigen und direkten Zugang zu den einzelnen Mitgliedern ermöglicht.

Diese Mitglieder, die etwa 90 % der Personen ausmachen, die in der Bundesrepublik eine Krankheitsvollversicherung, sei es kraft Gesetzes oder freiwillig, haben, sind zugleich 90 % der potentiellen Nachfrager nach Zusatzversicherungen. Alle diese Personen stehen der GKV mit allen für den potentiellen Absatz von Zusatzversicherungen relevanten persönlichen Daten wie Adresse, Lebensalter, Geschlecht, Einkommen, Arbeitgeber und teilweise dem Gesundheitszustand zur Verfügung. Mit diesen Daten verfügt die GKV über einen gegenüber den PKV-Wettbewerbern einmaligen Marktzugang. Nur die GKV kann sich mit diesen Detailkenntnissen über die persönlichen Verhältnisse und Bedürfnisse der potentiellen Nachfrager selektiv an einzelne Nachfrager direkt wenden, was auf der Basis

---

[87] EuGH Slg. 1979, 461 – *Hoffmann-La Roche*.

einer schon bestehenden Krankheitsvollversicherung zwischen der GKV und den Nachfragern von besonderer Wirksamkeit ist.

Im Gegensatz dazu kann sich die PKV nur ohne persönlichen Bezug allgemein und über öffentliche Medien, wie zum Beispiel durch Werbung im Fernsehen, an die Nachfrageseite wenden, ohne gezielt basierend auf den individuellen Umständen des potentiellen Nachfragers ein Angebot machen zu können. Es ist ganz offensichtlich, dass im Gegensatz dazu die GKV einen sehr ungewöhnlichen, geradezu einmaligen und außerordentlichen Marktzugang zur anderen Marktseite hat.

Hinzu kommt die Zersplitterung der Gruppe der PKV-Wettbewerber. Hier sind ca. 50 Unternehmen tätig, die wegen des Kartellverbotes sich im Wettbewerb auch untereinander allein aufstellen müssen. Die Finanzkraft der GKV und das fehlende Konkursrisiko sollen an dieser Stelle nur der Vollständigkeit halber erwähnt werden.

Im Ergebnis ist daher festzustellen, dass die GKV mit ihrem Markteintritt zugleich eine marktbeherrschende Position auf dem Markte für Zusatzversicherungen einnimmt. Mit ihrer für einen solchen Markt einmaligen wirtschaftlichen Kraft ist es ihr möglich, Konkurrenten zu verdrängen oder zu disziplinieren und den Nachfragern einseitig Bedingungen aufzuerlegen. Die GKV kann sich unabhängig vom Wettbewerb verhalten.

Dieser Spielraum wird auch nicht durch die notwendige Genehmigung der Aufsichtsbehörde für die Aufnahme des Angebotes einer Zusatzversicherung in der Satzung begrenzt. Die Genehmigung wird nämlich hinsichtlich ihres Inhaltes nicht an den Wettbewerbsverhältnissen des Marktes gemessen, sondern allein an den individuellen Daten der antragstellenden GKV, die mit dem Inhalt ihres Antrages zugleich das Ausmaß des Wettbewerbs zum Beispiel dadurch bestimmt, welche Zusatzversicherungen sie am Markte anbieten möchte.

V. Zum Missbrauch einer marktbeherrschenden Stellung

Ist die GKV als kollektive Einheit ein marktbeherrschendes Unternehmen im Sinne von Art. 82 EG und § 19 GWB durch Eintritt in den Markt für Zusatzversicherungen geworden, ist nunmehr zu prüfen, ob die GKV durch spezielles oder allgemeines und tatsächliches Anbieten von Zusatzversicherungen missbräuchlich im Sinne dieser Vorschriften handelt. Dabei ist nicht Gegenstand dieser Prüfung, ob einem einzelnen Angebot einer bestimmten Zusatzversicherung ein besonderer Vorwurf zum Beispiel im Sinne einer Preisunterbietung oder einer unzulässigen Quersubventionierung zu machen ist. Es soll hier auch nicht geprüft werden, ob das SGB V solche Angebote überhaupt erlaubt.

Es kommt in diesem Zusammenhang auch nicht darauf an, ob alle gesetzlichen Krankenkassen gleichzeitig in den Markt für Zusatzversicherungen eintreten oder ob nur einzelne Krankenkassen sich eine Satzungsänderung genehmigen lassen, um dann Zusatzversicherungen anbieten zu können. Weil jedes Unternehmen der kollektiven Einheit als marktbeherrschend gilt, kann es auch allein einen Missbrauch begehen, wenn sich das Vorgehen des einzelnen Unternehmens auf den oder die Betroffenen genauso auswirkt, als ob die kollektive Einheit gemeinsam vorgehen würde.[88]

Es handelt sich vielmehr allein um die Frage, ob der GKV grundsätzlich das Angebot von Zusatzversicherungen nach dem Wettbewerbsrecht und nicht nach dem SGB V untersagt ist. Dabei kann die Tatsache einer eventuellen Genehmigung der Satzung einer Krankenkasse durch die Aufsichtsbehörde, die das Angebot von Zusatzversicherungen ermöglichen soll, hier außer Betracht bleiben. Bei Art. 82 EG und § 19 GWB handelt es sich um gesetzliche Verbote, die unabhängig von einer behördlichen Genehmigung ein bestimmtes

---

[88] Möschel in: Immenga / Mestmäcker, GWB, 3. Aufl., Rz. 85 zu § 19 GWB.

unternehmerisches Verhalten untersagen, das im vorliegenden Falle auch nicht durch die behördliche Genehmigung angeordnet, sondern nur ermöglicht werden soll. Ob über das bestehen bleibende gesetzliche Verbot hinaus bei einem Verstoß auch als Rechtsfolge ein Bußgeld verhängt werden darf, kann hier dahingestellt bleiben. In einem solchem Falle dürfte es am subjektiven Tatbestand fehlen.

1. Zum Missbrauch allgemein

Missbräuchliches Verhalten im Sinne des Art. 82 EG und des § 19 GWB wird generell in zwei Tatbestandsgruppen eingeteilt: den Ausbeutungsmissbrauch und den Behinderungsmissbrauch. Hinsichtlich der ersten Gruppe fehlt es im vorliegenden Falle an tatbestandlichen Anhaltspunkten, so dass die nachfolgende Prüfung auf den Vorwurf des Behinderungsmissbrauchs beschränkt bleiben muss.

Ganz allgemein werden mit dem Begriff „Behinderungsmissbrauch" diejenigen Verhaltensweisen eines marktbeherrschenden Unternehmens beschrieben, die darauf gerichtet sind oder jedenfalls bewirken, dass die Wettbewerbsmöglichkeiten der anderen tatsächlichen oder potentiellen Wettbewerber mit der Folge dauerhaft verschlechtert werden, dass die Intensität des Wettbewerbs auf dem betreffenden Markt weiter zurückgeht. Die aus dem Verbot des Behinderungsmissbrauchs resultierenden Rücksichtspflichten eines marktbeherrschenden Unternehmens dienen dabei nicht nur dem Schutze der Wettbewerber, sondern auch dem Schutze des Wettbewerbs auf dem jeweiligen Markte selbst.[89] Ausgangspunkt dieser besonderen Verhaltenspflichten ist die in ständiger Rechtsprechung des EuGH festgestellte „besondere Verantwortung" des marktbeherrschenden Unternehmens dafür, „dass es durch sein Verhalten einen wirksamen und unverfälschten Wettbewerb nicht beeinträchtigt".[90] Dem marktbeherrschenden Unternehmen sind alle Verhaltensweisen untersagt, die die

---

89 Bechthold, EG-Kartellrecht, 2005, Rn. 29 zu Art. 82.

90 EuGH Slg. 1994, II- 755 Rn. 14 –*Tetra Pak*; EuGH Slg. 2000, I-1365 Rn.114 – *Compagnie Maritim Belge.*

Aufrechterhaltung oder Entwicklung des noch bestehenden Wettbewerbs auf einem Markte behindern und zu einer Verschlechterung der Wettbewerbsstruktur führen, auf dem der Wettbewerb gerade wegen der Anwesenheit des marktbeherrschenden Unternehmens bereits geschwächt ist.[91] Die Handlungsfreiheit des marktbeherrschenden Unternehmens wird durch eine spezifische Verantwortung für einen möglichst unverfälschten Restwettbewerb beschränkt.[92]

Dabei wird zu fragen sein, ob aus dieser „Verantwortung" nicht eine aktive Förderung des gegen das marktbeherrschende Unternehmen gerichteten (Rest)Wettbewerbs abgeleitet werden darf[93], wobei nicht Sinn und Zweck der Missbrauchsaufsicht ist, dem Marktbeherrscher jede Form der Verteidigung seiner Marktposition zu untersagen.[94] Allerdings haben Kommission und EuGH eine aktive Förderung aus der Marktstrukturverantwortung im Magill-Fall anerkannt.[95] In die gleiche Richtung geht die Kommission in Anlehnung an den Telemarketing-Fall[96] bei der Beurteilung der Versuche des spanischen Postmonopolisten, sich mittels eines hoheitlichen Monopols auch den Zukunftsmarkt für Eilkurierdienste exklusiv zu sichern. Die Kommission betrachtet diese Versuche, sich ohne objektive Notwendigkeit eine Hilfstätigkeit auf einem benachbarten Markt vorzubehalten, als Verstoß gegen Art. 82 EG.[97]

---

91 EuGH Slg. 1979, 461 Rn.91 – *Hoffmann-La Roche*; Slg. 1993, II-389,425 Rn. 95 – *BPB Industries und British Gypsum.*

92 Möschel in: Immenga / Mestmäcker, Wettbewerbsrecht, 4. Aufl., EG / Teil 1, Rn. 220 zu Art. 82; EuGH Slg. 1983, 3461 – *Michelin*; EuGH Slg. 1979, 461, 541 – *Hoffmann-La Roche.*

93 Möschel in: Immenga / Mestmäcker, Wettbewerbsrecht, 4. Aufl., EG / Teil 1, Rn. 232 zu Art. 82.

94 Loewenheim / Meesen / Riesenkampf, Kartellrecht, Bd. 1, Rn. 171 zu Art. 82.

95 Komm. ABl.1989, Nr. L 78,43 – *Magill*; EuGH Slg. 1991 II-485.

96 EuGH Slg. 1985, 3261 – *Telemarketing.*

97 Komm. ABl. 1990, Nr. L 233, S. 19 –Internationale Eilkurierdienstleistungen in Spanien.

Ob diese Voraussetzungen erfüllt sind, ist auf der Grundlage einer Abwägung der Interessen des marktbeherrschenden Unternehmens und der von der Marktmacht betroffenen Unternehmen zu ermitteln. Dabei ist die auf freien und unverfälschten Wettbewerb gerichtete Zielsetzung des Vertrages zu berücksichtigen.[98]

2. Das Angebot von Zusatzversicherungen durch die GKV als Missbrauch

Für die Frage, ob das beabsichtigte Angebot von Zusatzversicherungen als Missbrauch einer marktbeherrschenden Stellung im Sinne von Art. 82 EG und § 19 GWB anzusehen ist, ist von zwei tatbestandlichen Ausgangspunkten aus die Beurteilung vorzunehmen:

Einmal handelt es sich bisher bei dem Markt für Zusatzversicherungen um einen funktionierenden Wettbewerbsmarkt mit einer Vielzahl von Wettbewerbern und einer dem Wettbewerb förderlichen Struktur. Die Zahl der Wettbewerber ist verhältnismäßig groß, es bestehen praktisch keine Marktzutrittsschranken, und das angebotene Produkt ist innovationsfähig.

Zum anderen ist die GKV als Newcomer auf diesem Markte im Augenblick ihres Markteintritts aus den oben dargestellten Gründen zwar Marktbeherrscher, aber sie braucht die Ausweitung ihres Geschäftsfeldes nicht notwendig. Die GKV ist im Prinzip nach ihrem gesetzlichen Auftrag Verwalter und Gestalter der Solidargemeinschaft der Versicherten und der Solidargemeinschaft der Krankenkassen. Sie ist hier Träger einer öffentlichen Aufgabe, die in ihrem Kernbereich Pflichtversicherung für etwa 90 % der Bevölkerung der Bundesrepublik ist. Eine bessere Versorgung der Verbraucher ist durch den Markteintritt der GKV nicht zu erzielen. Die Versorgung der Verbraucher ist im Gegenteil durch das wettbewerbsfähige Angebot an Zusatzversicherungen durch die PKV optimal sichergestellt.

---

[98] Mestmäcker / Schweitzer, Europäisches Wettbewerbsrecht, 2. Aufl., S. 389, Rn. 39.

Die GKV ist auch nicht ein durch langzeitigen Leistungswettbewerb auf einem ursprünglich wettbewerblich strukturierten Markte marktbeherrschend gewordenes Unternehmen, das seine Stellung mit den Mitteln des Leistungswettbewerbs verteidigt. Die GKV geht vielmehr jenseits ihrer zentralen durch das Sozialrecht geprägten einmaligen Stellung als Verwalter und Inhaber der Solidargemeinschaft der Pflichtversicherten mit den Ressourcen dieser einmaligen Stellung in einen bisher wettbewerblich strukturierten Markt hinein, und diese wettbewerbliche Struktur zerstört sie im Augenblick ihres Markteintrittes. Die Marktstruktur ist nunmehr ungleichgewichtig. Die GKV behindert und beeinträchtigt mit dem ersten Angebot einer Zusatzversicherung den bisher wirksamen und unverfälschten Wettbewerb.

Dabei handelt es sich nicht um die Frage, ob das eingesetzte Mittel oder die beanstandete Verhaltensweise des Marktbeherrschers den Regeln des Leistungswettbewerbs entspricht, also auf wettbewerblich strukturierten Märkten von den Wettbewerbern allgemein geübt wird. Das Ergebnis des Verhaltens der marktbeherrschenden GKV ist die Zerstörung der wettbewerblichen Struktur auf dem Markte für Zusatzversicherungen. Entstehung der marktbeherrschenden Stellung durch Marktzutritt und Missbrauch durch das erste Angebot einer Zusatzversicherung als einheitlicher Akt ist der Missbrauch. Insoweit entfällt auch eine Prüfung der Kausalität.

Dass die notwendige Abwägung der gegenseitigen Interessen unter dem Dach der auf freien und unverfälschten Wettbewerb gerichteten Zielsetzung des Vertrages im vorliegenden Falle zu Ungunsten der GKV ausfällt, bedarf keiner weiteren Begründung.

3. Zu den übrigen Tatbestandsmerkmalen des Art. 82 EG und des § 19 GWB

a) Art. 82 EG

Die missbräuchliche Handlungsweise ist nur dann verboten, wenn sie sich auf dem Gemeinsamen Markt oder auf einem wesentlichen Teil desselben auswirkt. Nach der ständigen Praxis der Kommission und des Gerichtshofes ist es nicht erforderlich, dass sich die beanstandete Verhaltensweise auf dem gesamten Gemeinsamen Markt auswirkt. Es genügt, wenn es sich um einen wesentlichen Teil des Gemeinsamen Marktes handelt, was immer dann der Fall ist, wenn das Gebiet auch nur eines Mitgliedstaates betroffen ist. Dies ist hier der Fall.

Des Weiteren muss die beanstandete Verhaltensweise geeignet sein, den Handel zwischen den Mitgliedstaaten zu beeinträchtigen. Dabei kommt es nicht darauf an, dass der zwischenstaatliche Handel tatsächlich beeinträchtigt wurde. Es genügt, wenn unter Berücksichtigung aller objektiven rechtlichen und tatsächlichen Umstände mit hinreichender Wahrscheinlichkeit sich voraussehen lässt, dass die beanstandete Verhaltensweise unmittelbar den Handel beeinflussen kann. Das ist hier der Fall. Der bisher wettbewerblich strukturierte Markt für Zusatzversicherungen in der Bundesrepublik ist ein offener Markt für alle in- und ausländischen privaten Versicherungsunternehmen. Die Zerstörung seiner wettbewerblichen Struktur ist eine solche unmittelbare Beeinträchtigung, denn in- und ausländische Anbieter können nicht mehr nach den Gesetzen des Marktes handeln, sondern müssten ihr Verhalten an den Verhaltensweisen des marktbeherrschenden Unternehmens ausrichten.

b) Zur Direktanwendung des Art. 82 EG in der Bundesrepublik

Durch Art. 1 und 3 der VO 1 / 2003 ist der Vorrang des europäischen Wettbewerbsrechts vor den nationalen Wettbewerbsrechten festgeschrieben worden. Unabhängig von der Anwendung nationaler Wettbewerbsrechte ist jedenfalls durch nationale Gerichte und nationale Behörden immer vorrangig Art. 82 EG auf alle Tatbestände anzuwenden, die nach Art. 82 EG verboten sind.

c) Zur Anwendung des § 19 GWB

§ 19 Abs. 1 GWB entspricht in seinem materiellen Gehalt dem Art. 82 EG. § 19 Abs. 2 definiert im Gegensatz zu Art. 82 EG die Voraussetzungen für das Vorliegen einer marktbeherrschenden Stellung. Nach § 19 Abs. 2 Nr. 1 GWB ist ein Unternehmen marktbeherrschend, wenn es keinem wesentlichen Wettbewerb ausgesetzt ist. Nach den oben unter III. und IV. gemachten Ausführungen über Markt und Marktbeherrschung ist dieses Tatbestandsmerkmal erfüllt. Mindestens ist aber die Nr. 2 dieser Vorschrift erfüllt. Die GKV hat eine im Verhältnis zu ihren Wettbewerbern überragende Marktstellung. Insbesondere ihre Finanzkraft und ihr Zugang zu den Absatz- und Beschaffungsmärkten sind, wie dargestellt, die Merkmale, die ihr den beschriebenen Vorsprung gegenüber ihren Wettbewerbern verschaffen.

Dass die GKV als eine wirtschaftliche Einheit anzusehen ist, wurde oben (B) bereits dargestellt. Die hier beanstandete Verhaltensweise wird durch den Konkretisierungstatbestand in § 19 Abs. 4 Nr. 1 GWB erfasst. Die Wettbewerbsmöglichkeiten der bisher auf dem Markt für Zusatzversicherungen tätigen Unternehmen werden durch den Marktzutritt der GKV in einer für den Wettbewerb auf dem Markte erheblichen Weise ohne sachlich gerechtfertigten Grund beeinträchtigt. Hinsichtlich der Einzelheiten der Begründung darf auf oben unter III. und IV. verwiesen werden.

4. Rechtsfolgen

Ein Verstoß sowohl gegen Art. 82 EG als auch gegen § 19 GWB kann verwaltungsrechtliche, aber, was für den vorliegenden Fall besonders wichtig ist, auch zivilrechtliche Konsequenzen haben.

Hinsichtlich der verwaltungsrechtlichen Konsequenzen des Art. 82 EG ist zu vermerken, dass sowohl die EU-Kommission auf der Grundlage der ihr durch die VO 1 / 2003 verliehenen Befugnisse die Missbräuchlichkeit des Verhaltens und die Unterlassung des beanstandeten missbräuchlichen Verhaltens verlangen kann als auch die nationale Wettbewerbsbehörde. Das wäre im vorliegenden Falle das Bundeskartellamt. Die Einleitung eines solchen Verwaltungsverfahrens kann von der PKV angeregt werden. Wird die betreffende Behörde nicht tätig, kann Untätigkeitsklage erhoben werden im Falle der EU-Kommission vor dem EuGH und im Falle des Bundeskartellamtes vor dem OLG Düsseldorf.

Zwar sind Verstöße gegen Art. 82 EG und § 19 GWB bußgeldpflichtige Tatbestände. Ob allerdings seitens der Behörden Bußgelder verhängt werden können, kann im vorliegenden Falle zweifelhaft sein, weil wegen der ungeklärten Rechtslage, ob und inwieweit Zusatzversicherungen von der GKV angeboten werden dürfen, dies nicht ohne Einfluss auf den subjektiven Tatbestand der jeweiligen Bußgeldnormen sein würde.

Wichtiger als die verwaltungsrechtlichen Konsequenzen dürften im vorliegenden Falle aber die zivilrechtlichen Konsequenzen des beanstandeten und hier als missbräuchlich klassifizierten Verhaltens im Sinne des Art. 82 EG und des § 19 GWB sein. Zuwiderhandlungen gegen Art. 82 EG und § 19 GWB begründen nämlich Unterlassungs- und Schadenersatzansprüche. Ein solcher Anspruch kann auf § 33 GWB gestützt und direkt vor den nationalen Gerichten geltend gemacht werden (s. a. Art. 6 VO 1 / 2003).

5. Zusammenfassung

Unterstellt, dass die GKV, gedeckt durch die Vorschriften des SGB V, auf dem Markte für Zusatzversicherungen Angebote sowohl an die bei ihr Pflichtversicherten als auch an bei ihr freiwillig Versicherte richtet, handelt sie als marktbeherrschendes Unternehmen missbräuchlich im Sinne von Art. 82 EG und § 19 GWB. Den PKV-Unternehmen stehen zivilrechtliche Unterlassungs- und Schadenersatzansprüche zu.

Auf die Frage, ob das Verhalten auf eine genehmigte Satzung einer Krankenkasse durch die Aufsichtsbehörde zurückzuführen ist, kommt es für die rechtliche Beurteilung nach Art. 82 EG und § 19 GWB nicht an. Die GKV handelt beim Abschluss von Zusatzversicherungen nicht im Bereich des Sozialrechts in Erfüllung ihrer gesetzlich übertragenen Aufgaben, sondern wirtschaftlich im Sinne der Rechtsprechung des EuGH, und unterfällt damit den Regeln des europäischen und nationalen Wettbewerbsrechts. Diese Regeln stellen absolute Verbote auf, die von den Adressaten zu beachten sind und von denen durch keinen behördlichen Akt eine Befreiung zu erlangen ist. Daraus folgt, dass die Aufsichtsbehörden bei der Genehmigung einer Satzungsänderung den möglichen Verstoß gegen europäisches und nationales Wettbewerbsrecht berücksichtigen müssen. In keinem Falle kann ein missbräuchliches Verhalten durch die Satzung legitimiert werden. Umgekehrt bedeutet dies, dass § 53 SGB V im Lichte der Wertungen des Kartellrechts auszulegen ist.

6. Exkurs: Das Angebot von Zusatzversicherungen durch die GKV als Verstoß gegen das SGB V

Bisher ist davon ausgegangen worden, dass diese wettbewerbsrechtliche Betrachtung das SGB V direkt, aber zumindest über eine Satzungsgenehmigung der Aufsichtsbehörde der GKV selbst die Möglichkeit gibt, Angebote für Zusatzversicherungen auf einem Markte abzugeben, was an der Subsumierung dieses Verhaltens unter Art. 82 EG und § 19 GWB nach den vorstehenden Ausführungen nicht hindert.

Nun soll unterstellt werden, dass das Angebot von Zusatzversicherungen durch die GKV auf dem beschriebenen Markte nicht durch die Vorschriften des SGB V gedeckt ist und dass zum Beispiel die Auffassung des Bundesversicherungsamtes in der Auslegung des § 53 SGB V namentlich im Zusammenhang mit § 194 Abs. 1a SGB V nicht richtig ist. Dann wäre das Verhalten der GKV, Zusatzversicherungen selbst anzubieten und abzuschließen, gesetzeswidrig.

In diesem Falle würde sich an der wettbewerbsrechtlichen Beurteilung des Verhaltens der GKV nichts ändern. Es bliebe dabei, dass es sich um wirtschaftliche Tätigkeit im Sinne der Rechtsprechung des EuGH handelt, auf die das europäische und nationale Wettbewerbsrecht anzuwenden ist. Die GKV ist auf dem Markte für Zusatzversicherungen aus den oben unter III. und IV. dargestellten Gründen marktbeherrschend. Sie würde auch missbräuchlich handeln, und zwar schon deshalb, weil sie gesetzeswidrig handelt, was in jedem Falle den Missbrauchstatbestand des Art. 82 EG und des § 19 GWB erfüllen würde.

G. Verstoß gegen das Lauterkeitsrecht

Schließlich könnte die Möglichkeit, Zusatzversicherungen über § 53 Abs. 4 SGB V anzubieten, den Tatbestand der **allgemeinen Marktbehinderung** (§ 3 UWG) erfüllen. Der heute von § 3 UWG erfasste Unlauterkeitstatbestand der **Marktstörung** weist dem UWG über die Marktverhaltenskontrolle zusätzlich die Aufgabe einer Marktstrukturkontrolle zu.[99] Dabei ist heute anerkannt, dass die Normen des UWG und des GWB **nebeneinander** anzuwenden sind.[100] Die §§ 19, 20 GWB / Art. 82 EG schließen also die Anwendung des § 3 UWG auf **Marktstörungen** nicht aus; vielmehr wird § 3 UWG ergänzend herangezogen. Dies darf allerdings nicht zu einem Widerspruch zu den Wertungen des Kartellrechts führen. Deshalb fordert die Rechtsprechung, dass „auch bei der lauterkeitsrechtlichen Beurteilung stets die Zielsetzung des Gesetzes gegen Wettbewerbsbeschränkung berücksichtigt werden" muss.[101] Umgekehrt hat die Rechtsprechung anerkannt, dass die öffentliche Hand durch bloße Teilnahme am Wettbewerb noch nicht unlauter handelt.[102]

Im vorliegenden Fall geht es um einen Verstoß gegen das SGB V, nämlich um einen Verstoß gegen § 53 Abs. 4 SGB V. Es geht um die

---

[99] BGH GRUR 2004, 602, 603 *Zwanzig Minuten Köln.*

[100] BGH GRUR 1992, 191, 193 *Amtsanzeiger*; BGH GRUR 2004, 602, 603 *Zwanzig Minuten Köln.*

[101] BGH GRUR 2004, 602, 603 *Zwanzig Minuten Köln.*

[102] BHG NJW 2002, 2645, 2648 Elektroarbeiten; vertieft in: WRP 2003, 262, 265 *Altautoverwertung.*

Ausweitung dieser Norm auf Zusatzversicherungen. Würden solche Zusatzversicherungen von der GKV angeboten werden dürfen, so würde die GKV diesen Markt praktisch mit ihrem Zutritt monopolisieren und den bisher funktionsfähigen Wettbewerb auf diesem Markt zum Erliegen bringen. Eine solche Konsequenz würde vom Tatbestand der **Marktstörung** erfasst sein. Marktstörung liegt nach der Rechtsprechung vor, wenn ein „zwar nicht von vornherein unlauteres, aber doch wettbewerblich bedenkliches Wettbewerbsverhalten für sich allein oder in Verbindung mit den zu erwartenden gleichartigen Maßnahmen von Mitbewerbern die ernstliche Gefahr begründet, dass der Wettbewerb hinsichtlich der fraglichen Warenart in nicht unerheblichem Maße eingeschränkt wird."[103] Regelmäßig wird eine Marktstörung dann angenommen, wenn „die konkrete Gefahr besteht, dass Mitbewerber vom Markt verdrängt werden."[104] Diese Grundsätze gelten auch mit Blick auf die Teilnahme der öffentlichen Hand am Wettbewerb, insbesondere muss sich die Verwaltung bei der Erfüllung ihrer Aufgaben im Bereich des verfassungsrechtlich Zulässigen halten.[105] Und sie muss bei Ausübung ihres Ermessens die Grundsätze der Erforderlichkeit und Verhältnismäßigkeit beachten. Sie muss sich daher auf Maßnahmen beschränken, die zur Aufgabenerfüllung erforderlich sind.[106] Eine Wettbewerbshandlung der öffentlichen Hand, die zur Gefährdung des Wettbewerbsbestandes führt, ist in solchen Fällen unlauter, wenn sie über das verfassungsrechtlich Zulässige und sachlich Gebotene hinausgeht.[107] So hat die Rechtsprechung eine Bestandsgefährdung der Optikerfachgeschäfte durch Brillen-Selbstabgabestellen der AOK bejaht.[108] Das Gleiche

---

[103] BGH GRUR 1991, 616, 617 *Motorboot-Fachzeitschrift*; BGH GRUR 2001, 8081 *Ad-hoc-Meldung*; BGH GRUR 2004, 877, 880 *Werbeblocker*; BGH GRUR 2004, 960, 961 *500-DM-Gutschein*.

[104] Köhler WRP 2005, 645, 651 ff.

[105] BGHZ 82, 375 Brillen-Selbstabgabestellen.

[106] BGHZ 123, 157, 160 Abrechnungs-Software für Zahnärzte.

[107] BGH GRUR 1991, 53, 55 *Kreishandwerkerschaft I*.

[108] BGHZ 82, 375, 395.

gilt für die kostenlose Abgabe von Software an Kassenärzte durch die kassenzahnärztliche Vereinigung[109]

Hieran wird deutlich, dass das flächendeckende Verdrängen von Mitbewerbern durch wettbewerbliches Verhalten der öffentlichen Hand (hier der GKV) im Sinne des § 3 UWG unlauter wäre. Es handelt sich um eine Marktstörung, die letztlich zu einer Verdrängung der PKV auf dem Markt für Zusatzversicherungen durch die GKV führen würde. Die Wertungen von § 3 UWG sind mit denjenigen von Art. 12 GG, Art. 82 EG und Art. 86 EG in Verbindung mit Artt. 4, 98, 10 Abs. 2, 49, 87, 88 EG gleichlaufend.

[109] BGH GRUR 1993, 917, 919 Abrechnungs-Software für Zahnärzte.

Gesamtbetrachtung und wesentliche Ergebnisse

I. Gesamtbetrachtung

Die gesetzliche Krankenversicherung (GKV) wandelt ihr Gesicht. Dies hat erhebliche Auswirkungen auf die private Krankenversicherung (PKV). Die Auswirkungen werden im Gesetz zur Stärkung des Wettbewerbs in der gesetzlichen Krankenversicherung (GKV-WSG), das am 20. April 2007 in Kraft getreten ist, besonders deutlich. Der neue § 53 SGB V erlaubt der GKV, **Kostenerstattungstarife** einzuführen. Die Mitglieder in der GKV haben auf diese Weise die Möglichkeit, sich so wie **Privatpatienten** behandeln zu lassen. Die Kosten dafür erstattet die GKV. Damit öffnet sich die GKV in noch stärkerem Maße als bisher der Patientengruppe, die typischerweise privatversichert ist. Die Grenzen zwischen der gesetzlichen Krankenversicherung und der privaten Krankenversicherung werden durch diese Öffnung aufgeweicht und verwischt.

1. Wahltarife – Zusatzversicherungen

Diese Aufweichung der Grenzen zwischen GKV und PKV könnte in erheblichem Maße verstärkt werden, wenn sich Auffassungen durchsetzen würden, wonach es im Rahmen des § 53 SGB V nicht nur möglich wäre, Kostenerstattungstarife, sondern sogar **Zusatzversicherungen** anzubieten. Zusatzversicherungen dürfen nach der jetzigen Konzeption des Gesetzes (§ 194 Abs. 1a SGB V) zwar von der GKV *vermittelt*, aber nicht **angeboten** werden. Dem steht § 30 SGB

IV entgegen. In einem Schreiben des Bundesversicherungsamtes vom 13. März 2007 wird allerdings die Auffassung vertreten, dass die **Chefarztbehandlung** und der **Zweibettzimmerzuschlag keine Leistungsausweitung** darstellen sollen. Angebote dieser Art, die bisher unter **Zusatzversicherungen** eingeordnet wurden, würden somit für alle Mitglieder der GKV nach § 53 Abs. 4 SGB V zulässig werden. Damit könnten die Unternehmen der GKV ihren Mitgliedern Zusatzversicherungen anbieten, die bisher nur von der PKV bereitgestellt werden durften.

2. Marktverdrängungseffekt

Es liegt auf der Hand, dass als Folge hiervon ein erheblicher Marktverdrängungseffekt durch die GKV gegenüber der PKV stattfinden würde. Der größte Teil der Bevölkerung (ca. 90 %) ist in der GKV versichert. Die GKV verfügt über die Namen, die Anschriften und über sämtliche persönlichen Daten der bei ihr versicherten Kunden. Die GKV würde die bei ihr gebündelte Marktmacht ausnutzen können, um Zusatzversicherungen im Kleide von Wahltarifen in Zukunft an der PKV vorbei ihren eigenen Kunden anzubieten. Dies hat nichts mehr mit einer bloßen Leistungsausweitung im Sinne der Übernahme einer Vergütung wie bei Privatpatienten zu tun, sondern verändert die Marktverhältnisse grundsätzlich. Die GKV würde als marktbeherrschende Gruppe die PKV aus dem Marktsegment der Zusatzversicherungen praktisch hinausdrängen. Die PKV hätte gegenüber einer Gruppe, die unmittelbaren Kundenzugang zu 90 % aller potenziell an Zusatzversicherungen interessierten Menschen hat, keine Marktchance.

Die vorliegende Studie untersucht die hiermit zusammenhängenden Grundfragen des europäischen und des nationalen Wettbewerbsrechts. Sie zeigt, dass die Ausnutzung einer marktbeherrschenden Position auf dem Markt für Zusatzversicherungen durch die GKV sowohl gegen nationales Kartellrecht (§ 19 GWB) als auch gegen europäisches Kartellrecht (Art. 82 EG) und darüber hinaus auch gegen nationales Lauterkeitsrecht (§ 3 UWG) verstoßen würde. Die PKV-

Unternehmen können sich auf den Missbrauch der marktbeherrschenden Stellung durch die GKV nach § 33 GWB gegenüber den Kartellgerichten direkt berufen, da sie in ihren subjektiven Rechten unmittelbar berührt und verletzt sind.

3. Funktionsvermischung

Die vorliegende Studie zeigt aber darüber hinaus, dass nicht nur der wettbewerbsrechtliche Ordnungsrahmen des nationalen und europäischen Rechts verletzt ist, sondern dass die GKV darüber hinaus auch die in Art. 86 EG für öffentliche Unternehmen fixierten Grundsätze des europäischen Rechts verletzt. Das gilt auf der einen Seite für die sozialrechtliche Instrumentalisierung der privaten Krankenversicherung durch das GKV-WSG. Paradigmatisch kann auf die neuerdings bestehende Versicherungspflicht, den Basistarif, den Wechsel zwischen GKV und PKV verwiesen werden. Die sozialrechtliche Instrumentalisierung der privaten Krankenversicherung beinhaltet einen **Missbrauch durch Funktionsvermischung,** der europarechtlich unzulässig ist. Außerdem liegt ein Verstoß gegen das Beihilferecht vor. Die Tarife der GKV beruhen auf dem Solidaritätsprinzip. Der Beitrag richtet sich nach der Höhe des jeweiligen Einkommens und nicht nach individuellen Risikomerkmalen. In vielen Fällen werden – z.B. bei Familienangehörigen – überhaupt keine Beiträge erhoben. So kann es sich für Menschen mit hohem Einkommen durchaus lohnen, der GKV anzugehören, weil die Gemeinschaft aller Versicherten die Tarife für die Höchstverdiener teilweise quersubventioniert. Dies bedeutet aber, dass Personen, die nach ihrem Einkommen eindeutig in die PKV gehören, von Personen mit niedrigem Einkommen und über den steuerfinanzierten Finanzausgleich der GKV subventioniert werden. Das ist nichts anderes als eine Beihilfe, für die es im europäischen Recht keine Rechtfertigung gibt.

Die Funktionsvermischung zwischen Elementen der privaten Krankenversicherung und Elementen der gesetzlichen Krankenversicherung ist – jedenfalls für die Gruppe der freiwillig Versicherten – europarechtswidrig, weil es keinen Sachgrund dafür gibt, diese Funktionsvermischung im nationalen Recht durchzuführen. Es wäre vielmehr sinnvoll und ohne weiteres möglich, die klare Trennung zwischen Privatversicherten auf der einen Seite und gesetzlich Versicherten auf der anderen Seite aufrechtzuerhalten. Die durch das GKV-WSG teilweise verstärkte und teilweise begonnene Funktionsvermischung zwischen beiden Krankenversicherungsformen verstößt ferner gegen das europäische Prinzip des unverfälschten freien Wettbewerbs (Artt. 4, 98 EG), gegen das Wirksamkeitsgebot (Art. 10 Abs. 2 EG) und gegen den europäischen Verhältnismäßigkeitsgrundsatz (Art. 5 Abs. 3 EG). Diese Verletzungen des europäischen Rechts könnten die PKV-Unternehmen im Rahmen eines Vorlageverfahrens nach Art. 234 EG etwa im Zusammenhang mit einer Verfassungsbeschwerde gegen das GKV-WSG oder Teile davon geltend machen.

4. Zusatzversicherungen – Verstoß gegen europäisches Recht

Daneben würde die Zulassung von Zusatzversicherungen im Kleid von Wahltarifen (§ 53 Abs. 4 SGB V) aber auch das europäische Recht verletzen. Dies ergibt sich nicht nur aus dem Missbrauch einer marktbeherrschenden Position (Art. 82 EG), der zweifellos darin läge, dass die GKV, die über einen Kundenzugang von 90 % verfügt, ihre Marktmacht zulasten der PKV massiv verstärken würde. Darüber hinaus würde die Genehmigung von Zusatzversicherungen im Kleid von Wahltarifen zugleich die Grundsätze des freien und unverfälschten Wettbewerbs (Artt. 4, 98, 10 Abs. 2 EG) und die europäische Dienstleistungsfreiheit (Art. 49 EG) neben dem Beihilferecht (Artt. 87, 88 EG) verletzen. Der Grundsatz einer offenen Marktwirtschaft mit freiem Wettbewerb stünde allein deshalb zur Disposition, weil die GKV einen Marktzugang zu etwa 90 % aller in der Bundesrepublik Krankenversicherten hat. Sie verfügt über die entscheidenden Zugangsdaten zu diesem Personenkreis, ihre Adressen, ihren Personenstand, ihr Einkommen und teilweise ihre Gesundheitssituation. Zwischen ihr und den bei ihr Versicherten besteht ein über viele Jahrzehnte gewachsenes Vertrauensverhältnis. Die Versicherten fühlen sich bei „ihrem Krankenversicherer“ aufgehoben. Es gäbe nicht den geringsten Grund, eine Zusatzversicherung von einem privaten Krankenversicherer zu nehmen, wenn der eigentliche Grundversorger berechtigt wäre, solche Zusatzversicherungen ebenfalls anzubieten. Das Eindringen der GKV in den Markt der Zusatzversicherungen würde die wettbewerbliche Struktur dieses Marktes auf einen Schlag zerstören.

Selbst die Personen, die bisher ihre Zusatzversicherung bei der PKV genommen haben, würden erwägen, zu ihrem Grundversorger zurückzukehren, schon um die bürokratischen Abläufe, das Abrechnungsverfahren, zu vereinfachen. Der Grundversorger wird ein Übriges tun, um den Wechsel zu ihm zu beschleunigen. Er wird auf seine Einbindung in die Solidargemeinschaft, auf seine Rückbindung an das Steueraufkommen des Staates, auf seine daraus resultierende Insolvenzfestigkeit, auf seine aus der Grundversorgung resultierende besondere Kompetenz, seine finanzielle Stärke und auf seine vom Solidarprinzip geprägte Grundhaltung verweisen.

Daran wird er übrigens auch nicht durch § 53 Abs. 9 SGB V gehindert. Zwar müssen die Aufwendungen für jeden Wahltarif aus Einnahmen, Einsparungen und Effizienzsteigerungen, die durch diese Maßnahmen erzielt werden, finanziert werden. Aber, und das unterscheidet die Wahltarife des § 53 SGB V von den Zusatzversicherungen der PKV, die Prämien müssen **nicht nur** aus Einnahmen finanziert werden. Sie können auch aus Einsparungen und Effizienzsteigerungen, die sich aus diesen Maßnahmen ergeben, finanziert werden. Die gesetzlichen Krankenkassen haben regelmäßig, mindestens alle drei Jahre, über diese Einsparungen gegenüber der zuständigen Aufsichtsbehörde Rechenschaft abzulegen. Was aber genau mit Einsparungen und Effizienzsteigerungen durch Einführung von Wahltarifen gemeint ist, ist nirgendwo geregelt. Einsparungen und Effizienzsteigerungen könnten sich beispielsweise auch daraus ergeben, dass gut verdienende Versicherte in die GKV hineingezogen werden, die ihr sonst eher fern bleiben. Bei diesem Personenkreis handelt es sich um solche, die in aller Regel seltener krank und pflegebedürftig werden. Es sind die leistungsfähigeren Personen einer Gesellschaft, denen es gelingt, ihre Krankheitskosten niedriger zu halten als der Durchschnitt. Die Risikostruktur einer Krankenversicherungsgemeinschaft wird durch das Hinzutreten solcher Personen besser. Die daraus resultierenden Effizienzgewinne dürfte die Krankenkasse nach § 53 Abs. 9 SGB V zur Absenkung der Prämien zugunsten dieses auch von der PKV umworbenen Personenkreises einsetzen.

Da es bei der Frage, in welchem Umfang Einsparungen und Effizienzgewinne realisiert werden, regelmäßig erhebliche Spielräume gibt, entsteht ein (unkontrollierbarer) Anreiz für die Krankenkassen, das Einsparpotenzial möglichst hoch anzusetzen, um Versicherte der PKV wieder zurück ins „heimische Boot" zu ziehen. Die Tatsache, dass die Krankenkassen alle drei Jahre über die Einsparungen gegenüber der zuständigen Aufsichtsbehörde Rechenschaft abzulegen haben, wird hieran nichts ändern, denn zum einen kommen etwaige Bedenken der Aufsichtsbehörde zu spät – die Kunden sind dann schon abgeworben – und zum anderen werden die bestehenden Unsicherheiten bei der Bestimmung von Einsparungen und Effizienzsteigerungen die Aufsichtsbehörde aus Rechtsgründen bewegen, den Beurteilungsspielraum zugunsten der Krankenkasse eher zu vergrößern als zu verkleinern. Hiervon abgesehen, fehlen jedwede Rechtsfolgen für den Fall, dass die Aufsichtsbehörde feststellt, dass die Einsparungen in Wirklichkeit geringer waren als angenommen.

Im Ergebnis bedeutet dies, dass der Gesetzgeber den Krankenkassen durch eine Ausweitung der Kostenerstattungstarife auf Zusatzversicherungen nicht nur den Marktzutritt, sondern darüber hinaus auch noch ein Instrumentarium verschaffen würde, mit dessen Hilfe es der ohnehin marktbeherrschenden GKV noch dazu erleichtert würde, die derzeit bei der PKV zusatzversicherten Personen zurückzugewinnen. Es kann nur eine Frage der Zeit sein, wann die PKV auf dem Markt für Zusatzversicherungen zusammenbricht und umgekehrt die GKV diesen gesamten Markt an sich gezogen und monopolisiert hat. Daneben wird es Rückwirkungen auf den Markt für Krankheitsvollversicherungen geben. Diejenigen Personen, die in der Vergangenheit wegen des breiten Spektrums an Zusatzversicherungen auch eine Krankheitsvollversicherung bei der PKV genommen haben, werden nun über die Frage nachdenken, mit beiden Produktbausteinen zur GKV zurückzukehren, falls sie versicherungspflichtig werden. Die Ausstrahlungswirkung auf dem Markt für Zusatzversicherungen wird also den Markt für Krankheitsvollversicherungen erfassen und Marktanteile zugunsten der GKV verschieben. Dies würde die ohnehin auf dem Markt für Krankheitsvollversicherungen bestehenden Wettbewerbsverfälschungen – wie oben festgestellt – noch verschärfen und vertiefen.

Zugleich würde eine Öffnung von § 53 Abs. 4 SGB V durch Aufnahme von Zusatzversicherungen die europäische Dienstleistungsfreiheit verletzen. Die zu befürchtende rasche Monopolisierung des Marktes für Zusatzversicherungen durch die GKV würde nicht nur den Marktzutritt deutscher privater Krankenversicherungen, sondern auch den Marktzutritt von Krankenversicherungen aus dem europäischen Ausland beeinträchtigen. Zwingende Gründe des Allgemeininteresses, die eine solche Marktabschottung rechtfertigen könnten, sind nicht erkennbar. Der EuGH hat vielfältig ausgesprochen, dass ein staatliches Dienstleistungsmonopol nur dann zulässig sein kann, wenn es in besonderem öffentlichen Interesse liegt. Es gibt umgekehrt allerdings keine Hinweise darauf, dass der EuGH die hier von der GKV angestrebte Monopolisierung des Marktes für Zusatzversicherungen im Rahmen der europäischen Dienstleistungsfreiheit akzeptieren würde.

5. Verstoß gegen § 19 GWB / Art. 82 EG

An der Tatsache, dass die GKV auf dem Markt für Zusatzversicherungen marktbeherrschend ist, lässt sich kaum deuteln. Im Mittelpunkt steht die wirtschaftliche Kraft eines Unternehmens, die es ihm ermöglicht, Konkurrenten zu verdrängen, zu disziplinieren oder Marktpartnern einseitig Bedingungen aufzuerlegen. Es handelt sich um die wirtschaftliche Machtstellung eines Unternehmens, die dieses in die Lage versetzt, die Aufrechterhaltung eines wirksamen Wettbewerbs auf dem relevanten Markt zu verhindern, indem sie ihm die Möglichkeit verschafft, sich seinen Wettbewerbern, seinen Abnehmern und schließlich den Verbrauchern gegenüber in einem nennenswerten Umfang unabhängig zu verhalten. Eine solche Stellung ist gegeben, wenn ein Unternehmen nicht mehr auf anonymen Wettbewerbsdruck reagieren muss, sondern umgekehrt in der Lage ist, sich unabhängig vom Wettbewerb zu verhalten oder die Wettbewerbsbedingungen zu kontrollieren. Unter diesen Voraussetzungen spricht auch ein möglicher Restwettbewerb nicht zwingend gegen das Vorliegen einer marktbeherrschenden Stellung. Die starke Position des fraglichen Unternehmens zeigt sich gerade darin, dass dessen Verhaltensspielraum von dem noch vorhandenen Wettbewerb nicht begrenzt wird.

Die wirtschaftliche Kraft der GKV nach ihrem Markteintritt als Newcomer auf dem Markt für Zusatzversicherungen ist wie folgt zu beschreiben:

Über ihren gesamten organisatorischen Aufbau ist sie mit ihren Mitgliedern, seien es Pflicht- oder freiwillig Versicherte, eng verbunden. Sie verfügt im Gegensatz zu den Unternehmen der PKV, die ganz wesentlich über selbstständig agierende Vermittler ihre Angebote einzeln den Nachfragern darbieten müssen, über eine hauseigene Organisationsstruktur, die den sofortigen und direkten Zugang zu den einzelnen Mitgliedern ermöglicht.

Diese Mitglieder, die etwa 90 % der Personen ausmachen, die in der Bundesrepublik eine Krankheitsvollversicherung, sei es kraft Gesetzes oder freiwillig haben, sind zugleich 90 % der potentiellen Nachfrager nach Zusatzversicherungen. Alle diese Personen stehen der GKV mit allen für den potentiellen Absatz von Zusatzversicherungen relevanten persönlichen Daten, wie Adresse, Lebensalter, Geschlecht, Einkommen, Arbeitgeber und teilweise dem Gesundheitszustand zur Verfügung. Mit diesen Daten verfügt die GKV über einen gegenüber den PKV-Wettbewerbern einmaligen Marktzugang. Nur die GKV kann sich mit diesen Detailkenntnissen über die persönlichen Verhältnisse und Bedürfnisse der potentiellen Nachfrager selektiv an einzelne Nachfrager direkt wenden, was auf der Basis einer schon bestehenden Krankheitsvollversicherung zwischen der GKV und den Nachfragern von besonderer Wirksamkeit ist.

Im Gegensatz dazu kann sich die PKV nur ohne persönlichen Bezug allgemein und über öffentliche Medien, wie zum Beispiel durch Werbung im Fernsehen, an die Nachfragerseite wenden, ohne gezielt basierend auf den individuellen Umständen des potentiellen Nachfragers ein Angebot machen zu können. Es ist ganz offensichtlich, dass im Gegensatz dazu die GKV einen sehr ungewöhnlichen, geradezu einmaligen und außerordentlichen Marktzugang zur anderen Marktseite hat.

Hinzu kommt die Zersplitterung der Gruppe der PKV-Wettbewerber. Hier sind ca. 50 Unternehmen tätig, die wegen des Kartellverbotes sich im Wettbewerb auch untereinander allein aufstellen müssen. Die Finanzkraft der GKV und das fehlende Konkursrisiko sollen an dieser Stelle nur der Vollständigkeit halber erwähnt werden.

Im Ergebnis ist daher festzustellen, dass die GKV mit ihrem Markteintritt zugleich eine marktbeherrschende Position auf dem Markte für Zusatzversicherungen einnimmt. Mit ihrer für einen solchen Markt einmaligen wirtschaftlichen Kraft ist es ihr möglich, Konkurrenten zu verdrängen oder zu disziplinieren und den Nachfragern einseitig Bedingungen aufzuerlegen. Die GKV kann sich unabhängig vom Wettbewerb verhalten.

Für die Frage, ob das beabsichtigte Angebot von Zusatzversicherungen als Missbrauch einer marktbeherrschenden Stellung im Sinne von Art. 82 EG und § 19 GWB anzusehen ist, ist von zwei tatbestandlichen Ausgangspunkten aus die Beurteilung vorzunehmen:

Einmal handelt es sich bisher bei dem Markt für Zusatzversicherungen um einen funktionierenden Wettbewerbsmarkt mit einer Vielzahl von Wettbewerbern und einer dem Wettbewerb förderlichen Struktur. Die Zahl der Wettbewerber ist verhältnismäßig groß, es bestehen praktisch keine Marktzutrittsschranken, und das angebotene Produkt ist innovationsfähig.

Zum anderen ist die GKV als Newcomer auf diesem Markte im Augenblick ihres Markteintritts aus den oben dargestellten Gründen zwar Marktbeherrscher, aber sie braucht die Ausweitung ihres Geschäftsfeldes nicht notwendig. Die GKV ist im Prinzip nach ihrem gesetzlichen Auftrag Verwalter und Gestalter der Solidargemeinschaft der Versicherten und der Solidargemeinschaft der Krankenkassen. Sie ist hier Träger einer öffentlichen Aufgabe, die in ihrem Kernbereich Pflichtversicherung für etwa 90 % der Bevölkerung der Bundesrepublik ist. Eine bessere Versorgung der Verbraucher ist durch den Markteintritt der GKV nicht zu erzielen. Die Versorgung der Verbraucher ist im Gegenteil durch das wettbewerbsfähige Angebot an Zusatzversicherungen durch die PKV optimal sichergestellt.

Die GKV ist auch nicht ein durch langzeitigen Leistungswettbewerb auf einem ursprünglich wettbewerblich strukturierten Markte marktbeherrschend gewordenes Unternehmen, das seine Stellung mit den Mitteln des Leistungswettbewerbs verteidigt. Die GKV geht vielmehr jenseits ihrer zentralen durch das Sozialrecht geprägten einmaligen Stellung als Verwalter und Inhaber der Solidargemeinschaft der Pflichtversicherten mit den Ressourcen dieser einmaligen Stellung in einen bisher wettbewerblich strukturierten Markt hinein, und diese wettbewerbliche Struktur zerstört sie im Augenblick ihres Markteintrittes. Die Marktstruktur ist nunmehr ungleichgewichtig. Die GKV behindert und beeinträchtigt mit dem ersten Angebot einer Zusatzversicherung den bisher wirksamen und unverfälschten Wettbewerb.

Dabei handelt es sich nicht um die Frage, ob das eingesetzte Mittel oder die beanstandete Verhaltensweise des Marktbeherrschers den Regeln des Leistungswettbewerbs entspricht, also auf wettbewerblich strukturierten Märkten von den Wettbewerbern allgemein geübt wird. Das Ergebnis des Verhaltens der marktbeherrschenden GKV ist die Zerstörung der wettbewerblichen Struktur auf dem Markte für Zusatzversicherungen. Entstehung der marktbeherrschenden Stellung durch Marktzutritt und Missbrauch durch das erste Angebot einer Zusatzversicherung als einheitlicher Akt ist der Missbrauch. Insoweit entfällt auch eine Prüfung der Kausalität.

Dass die notwendige Abwägung der gegenseitigen Interessen unter dem Dach der auf freien und unverfälschten Wettbewerb gerichteten Zielsetzung des EG-Vertrages im vorliegenden Falle zu Ungunsten der GKV ausfällt, bedarf keiner weiteren Begründung.

Ein Verstoß sowohl gegen Art. 82 EG als auch gegen § 19 GWB kann verwaltungsrechtliche, aber, was für den vorliegenden Fall besonders wichtig ist, auch zivilrechtliche Konsequenzen haben.

Hinsichtlich der verwaltungsrechtlichen Konsequenzen des Art. 82 EG ist zu vermerken, dass sowohl die EU-Kommission als auch die nationale Wettbewerbsbehörde auf der Grundlage der ihr durch die VO 1 / 2003 verliehenen Befugnisse die Missbräuchlichkeit des Verhaltens und die Unterlassung des beanstandeten missbräuchlichen Verhaltens verlangen können. Das wäre im vorliegenden Falle das Bundeskartellamt. Ob seitens der Behörden Bußgelder verhängt werden können, kann im vorliegenden Falle zweifelhaft sein, weil wegen der ungeklärten Rechtslage, ob und inwieweit Zusatzversicherungen von der GKV angeboten werden dürfen, dies nicht ohne Einfluss auf den subjektiven Tatbestand der jeweiligen Bußgeldnormen sein würde.

Wichtiger als die verwaltungsrechtlichen Konsequenzen dürften im vorliegenden Falle aber die zivilrechtlichen Konsequenzen des beanstandeten und hier als missbräuchlich klassifizierten Verhaltens im Sinne des Art. 82 EG und des § 19 GWB sein. Rechtsgeschäfte, die auf das nach diesen Vorschriften missbräuchliche Verhalten eines Marktbeherrschers zurückzuführen sind, sind nach allgemeiner Meinung[110] zivilrechtlich unwirksam. Da Art. 82 EG keine Rechtsfolgen direkt definiert, ist auf die nationalen Vorschriften des Zivilrechts zurückzugehen. Nach deutschem Recht sind Verhaltensweisen, die von Art. 82 EG und von § 19 GWB erfasst werden, als Verstoß gegen die §§ 134 und 138 BGB anzusehen. Art. 82 EG ist auch Schutzgesetz im Sinne von § 823 Abs. 2 BGB.

---

[110] Bechthold, EG-Kartellrecht, 2005, Art. 82, Rn. 66.

Das bedeutet, dass Zuwiderhandlungen gegen Art. 82 EG und § 19 GWB Unterlassungs- und Schadenersatzansprüche begründen. Ein solcher Anspruch kann auf § 33 GWB gestützt und direkt vor den nationalen Gerichten geltend gemacht werden (s. a. Art. 6 VO 1/ 2003).

II. Wesentliche Ergebnisse

1. Wahltarife mit Leistungen, die nicht vom Leistungsumfang der GKV erfasst sind, wie beispielsweise die Chefarztbehandlung oder der Ein- bzw. Zweibettzimmerzuschlag, verändern das Leistungsangebot der GKV und beschränken sich nicht nur auf eine Variation von Art und Höhe des Beitrages. Kostenerstattungstarife, die den Leistungsumfang verändern, sind mit § 53 SGB V nicht zu vereinbaren – sie unterfallen §194 Abs. 1a SGB V.

2. Die GKV bietet eine wirtschaftliche Tätigkeit im Sinne der Rechtsprechung des EuGH beim Angebot von Krankheitsvollversicherungen an Personen an, die sich freiwillig versichern können. Sie ist darüber hinaus beim Angebot von Zusatzversicherungen an bei ihr Pflicht- oder freiwillig Versicherte wirtschaftlich tätig, wenn man davon ausgeht, dass sie ein solches Angebot nach § 53 Abs. 4 SGB V machen dürfte. Damit unterfällt die GKV in beiden Bereichen dem Wettbewerbsrecht.

3. Das Angebot von Krankheitsvollversicherungen einschließlich von Wahltarifen an freiwillig Versicherte verstößt gegen die Grundwertungen von Art. 86 i.V.m. Artt. 4, 98, 10 Abs. 2, 82, 87, 88 EG.

4. Das Angebot von Zusatzversicherungen nach § 53 Abs. 4 SGB V verstößt gegen Art. 86 i.V.m. 82, 4, 98, 10 Abs. 2, 49, 87, 88 EG.

5. Der Vorrang des Gemeinschaftsrechts ist bei der Anwendung des nationalen Rechts von den Behörden unmittelbar zu beachten. § 53 Abs. 4 SGB V ist gemeinschaftskonform dahin auszulegen, dass das Anbieten von Zusatzversicherungen nicht erlaubt ist. Bei gemeinschaftskonformer Auslegung sind Kostenerstattungstarife zulässig, soweit sie ausschließlich Art und Höhe des Beitrages der GKV (§ 13 SGB V) variieren. Sie sind unzulässig, soweit der Leistungsumfang verändert wird. Der Leistungsumfang wird immer dann verändert, wenn Leistungen angeboten werden, die vom Leistungsumfang der GKV bisher nicht umfasst sind. Dazu gehören auch die Chefarztbehandlung, der Ein- und Zweibettzimmerzuschlag oder die Auslandsreisekrankenversicherung.

6. Art. 12 GG verbietet ruinösen Wettbewerb und gebietet eine Interpretation von § 53 SGB V im Sinne der Wertungen des europäischen Rechts.

7. § 3 UWG verbietet die Verdrängung von Wettbewerbern ohne Sachgrund (Marktstörung). Ein solcher Fall der Marktstörung läge hier vor, wenn man der GKV erlauben würde, im Rahmen von § 53 SGB V Zusatzversicherungen anzubieten.

8. Die GKV hat auf dem Markt für Zusatzversicherungen eine marktbeherrschende Stellung. Die GKV missbraucht durch das Angebot von Zusatzversicherungen ihre marktbeherrschende Stellung nach Art. 82 EG und § 19 GWB.

9. Die Verstöße gegen das europäische Recht können durch die PKV-Unternehmen im Rahmen eines Vorlageverfahrens nach Art. 234 EG geltend gemacht werden. Zu einem solchen Vorlageverfahren könnte es auf mehreren Wegen kommen. Denkbar wäre eine Verfassungsbeschwerde der PKV-Unternehmen gegen die Neuregelungen des GKV-WSG einschließlich § 53 SGB V. Beim Bundesverfassungsgericht würde dann die Vorlage an den EuGH beantragt werden. Denkbar wäre auch eine Anfechtung eines Verwaltungsaktes, der die GKV berechtigt, einen Wahltarif, der sich auf Zusatzversicherun-

gen erstreckt, anzubieten. Im Rahmen einer solchen Anfechtungsklage durch die drittverletzten PKV-Unternehmen kann in der letzten Instanz eine Vorlage an den EuGH nach Art. 234 EG angestrebt werden. Schließlich könnten die PKV-Unternehmen auch direkt wegen Verletzung von § 19 GWB / Art. 82 EG gegen die GKV vorgehen und im Rahmen eines solchen kartellrechtlichen Verfahrens Unterlassung und Schadenersatz (§ 33 GWB) verlangen. Auch in einem solchen Verfahren kann letztinstanzlich eine Vorlage an den EuGH angestrebt werden.

10. Die GKV hat auf dem Markt für Krankheitsvollversicherungen für freiwillig Versicherte unter Einschluss von Wahltarifen keine marktbeherrschende Stellung.

11. Ganz generell ist das Gesetz zur Stärkung des Wettbewerbs in der gesetzlichen Krankenversicherung nicht wettbewerbsstärkend, sondern wettbewerbsfeindlich, weil es bei seiner Durchführung durch die GKV vorhandene wettbewerbliche Strukturen zerstört.

Overall survey and substantial findings

I. Overall survey

The statutory health insurance (GKV) is changing its face. This has significant effects on private health insurance (PKV). The impacts are especially clear in the Gesetz zur Stärkung des Wettbewerbs in der gesetzlichen Krankenversicherung (Act to Strengthen Competition in Statutory Health Insurance (GKV-WSG)), which entered into force on April 20, 2007. The new Section 53 SGB V (Social Security Code) allows the GKV to introduce **cost reimbursement rates**. By this means, the members in the GKV have the option to be treated just like **private patients**. The costs of such treatment are reimbursed by the GKV. In doing so, the GKV opens up in a still larger measure than before to the patient group that is typically privately insured. The boundaries between statutory health insurance and private insurance are softened and blurred by this opening.

1. Elective rates – supplemental insurance

This softening of the boundaries between GKV and PKV could be strengthened in significant measure, if the view would become accepted, whereby it would not only be possible to offer cost reimbursement rates, but even supplemental insurance within the framework of Section 53 SGB V. Under the current conception of the law (Section 194 para. 1a SGB V), supplemental insurance may in fact be *arranged* by the GKV, but not **offered.** That is in contrast to Section 30 SGB IV. However, in a writing of the Federal Insurance Authority dated March 13, 2007, it is argued that **treatment by the chief physician** and **the double room surcharge** should **not** represent an **expansion of benefits**. Offers of this type, which were previously classified under supplemental insurance, would thus become permissible for all members of the GKV in accordance with Section 53 para. 4 SGB V. By this means, the units of the GKV could offer their members supplemental insurance, which could previously only be provided by the PKV.

2. Market displacement effect

It is obvious that a substantial market displacement effect through the GKV in respect to the PKV would occur as a result thereof. The largest portion of the population (approx. 90%) is insured in the GKV. The GKV possesses the names, the addresses and all personal data of the customers insured by it. The GKV would be able to exploit the market power concentrated in it, in order to offer supplemental insurance to its own customers in the future disguised as elective rates, bypassing the PKV. This has nothing more to do with a mere expansion of benefits in terms of the assumption of a reimbursement like with private patients, but rather changes the market relationships fundamentally. As the market dominating group, the GKV would practically crowd the PKV out of the market segment of supplemental insurance. In respect to a group, which has direct customer access to 90% of all people interested in supplemental insurance, the PKV would have no market opportunity.

The present study investigates the key questions of the European and the national competition law connected herewith. It shows that the exploitation of a monopolistic position in the market for supplemental insurance by the GKV would infringe up both national antitrust law Section 19 GWB (Act on Restraints of Competition) as well as European antitrust law (Art. 82 EC) and also national law on fair trading practices (Section 3 Act Against Unfair Practices (UWG)). The PKV units can directly rely on the abuse of the monopolistic position by the GKV under Section 33 GWB in respect to the Competition Courts, as they are directly affected and harmed in their subjective laws.

3. Mixing of roles

The present study further shows that not only is the regulatory framework for legal competition of the national and European law is breached, but rather that the GKV in addition also violates the principles of European law set forth in Art. 86 EC for the public sector. That applies on the one side for the social application of private health insurance by the GKV-WSG. Paradigmatic, the base rate and the change between GKV and PKV can be referred to the newly existing insurance obligation. The social application of the private health insurance comprises a misapplication through the mixing of roles, which is prohibited under European law. In addition, a violation against the social assistance law exists. The rates of the GKV are based on the principle of solidarity. The premium is based on the amount of the respective income and not according to individual risk criteria. In many cases, e.g. for family members, no premiums will be levied at all. Thus, it can be worthwhile for people with high income to belong to the GKV, because the collective of all insured parties partially cross-subsidizes the rates for the highest earners. However, this means that persons, who clearly belong in the PKV according to their income are subsidized by persons with lower income and beyond the tax-financed revenue equalization. That is nothing but a social benefit, for which there is no justification in European law.

The mixing of roles between elements of private health insurance and elements of statutory health insurance is – in each case for the group of voluntarily insured parties – contrary to European law, as there is no material reason to implement this mixing of roles in national law. It would be much more sensible and possible without further action to maintain the clear separation between privately insured parties on the one hand and statutorily insured parties on the other hand. The mixing of roles partially enhance and partially begun by the GKV-WSG between both health insurance forms further infringes upon the European principle of unadulterated free competition (Art. 4, 98 EC), upon the validity requirement (Art. 10 para. 2 EC) and upon the European proportionality principle (Art. 5 para. 3 EC). The PKV companies could assert these infringements of European law could within the framework of referral proceedings under Art. 234 EC perhaps in connection with a constitutional action against the GKV-WSG or portions thereof.

4. Supplemental insurance – violation of European law

In addition, the allowance of supplemental insurance in the clothes of elective rates (Section 53 para. 4 SGB V) would also violate European law. This results not only from the abuse of a market dominating position (Art. 82 EC), which would fall therein without question, that the GKV, which has access to customers of 90%, would massively increase its market power at the expense of the PKV. In addition, the approval of supplemental insurance in the clothes of elective rates would at the same time violate the principles of free and unadulterated competition (Art. 4, 98, 10 para. 2 EC) and the European freedom of services (Art. 49 EC), besides social assistance law (Art. 87, 88 EC). The principle of a free market economy with free competition would therefore be up for consideration, as the GKV has market access of approximately 90% of all persons with health insurance in the Federal Republic of Germany. They possess the essential access data for this group of persons, their addresses, their marital status, their income and in part, their health situation. A trust relationship developed over many decades exists between them and the parties they insure. The insured parties feel in good hands with "their health insurance provider". There would be the slightest reason to take supplemental insurance from a private health insurer, if the actual primary provider is entitled to likewise offer such supplement insurance. The penetration of the GKV into the market of supplemental insurance would destroy the competitive structure of this market in one blow.

Even the persons who previously have taken supplemental insurance with PKV would consider returning to their principle provider, just to simplify the bureaucratic workflows and the accounting techniques. The principal provider will go one step further, in order to speed up the change to him. He will refer to his involvement in the mutual solidarity, to his association to the tax yield of the country, to his insolvency stability, to his special expertise resulting from primary provision, to his financial strength and to his opinion formed from the principle of solidarity.

He is also not prevented from doing so by Section 53 para. 9 SGB V. Indeed, the expenditures must be funded for each elective rate by revenue, savings and increases in efficiency, which were achieved through these measures. However, and that differentiates the elective rates of Section 53 SGB V from the supplemental insurance of the PKV, the premiums must **not only** be funded by revenues. They can also be funded by savings and increases in efficiency, which result from these measures. The statutory health insurance funds must regularly give an accounting of these savings to the responsible regulatory authority, at least every three years. However, what is exactly meant by savings and increases in efficiency through the implementation of elective rates is not regulated anywhere. For example, savings and increases in efficiency could also result from the fact that high-earning insured parties are drawn into the GKV, who otherwise would rather stay away. The group of persons involved are typically sick less often and in need of care. They are the more capable persons of a community, which have managed to keep their health costs lower than the average. The risk structure of a health insurance organization becomes better through the admission of such persons. The health insurance fund should be able to use the gains in efficiency resulting therefrom under Section 53 para. 9 SGB V for the lowering of premiums for the benefit of the group of persons also courted from the PKV.

As there is routinely substantial latitude in the question of to what extent savings and gains in efficiency are realized, an uncontrollable incentive arises for the health insurance funds to apply the potential savings as high as possible, in order to pull insured parties of the PKV back into the "native boat". The fact that the health insurance funds must render an accounting regarding the savings every three years to the responsible regulatory authority, nothing will change, then for one any concerns of the regulatory authority come to late – by then the customers are already lured away – and on the other hand, the existing uncertainties in the determination of savings and increases in efficiency will motivate the regulating authority for legal reasons to enlarge or reduce the latitude for evaluation for the benefit of the health insurance fund. Aside from that, any legal consequences are absent in the event that the regulatory authority determines that the savings were lower in reality than assumed.

In effect, this means that the legislative authority would supply the health insurance funds not only market access, but rather also an instrument through the expansion of reimbursement rates to supplemental insurance, with the help of which it would make it still easier for the already market dominating GKV to win back persons currently with supplemental insurance from PKV. It can only be a question of the time when the PKV collapses on the market for supplemental insurance and conversely, that the GKV has seized and monopolized this entire market. In addition, there will be repercussions on the market for comprehensive health insurance. Those persons, who have also procured comprehensive health insurance with the PKV in the past due to the wide array of supplemental insurance, will now contemplate the question of returning to GKV with both cornerstone products, if they are in need of insurance. The influence of one area of law on the market for supplemental insurance will thus include the market for comprehensive health insurance and remove shares of the market for the benefit of the GKV. This would further intensify and deepen distortions in competition already existing in the market for comprehensive health insurance, as established above.

At the same time, the opening of Section 53 para. 4 SGB V through the admission of supplemental insurance would violate the European freedom of services. The swift monopolization to be feared of the market for supplemental insurance by the GKV would not only impair market access for German private health insurers, but rather also market access for health insurers from other European countries. No compelling reasons of general interest can be found which could justify such market compartmentalization. The European Court of Justice (ECJ) has often expressed that a public service monopoly can only be permissible if it is in the specific public interest. Conversely however, there is no evidence that the ECJ would accept the monopolization of the market for supplemental insurance within the framework of the European freedom of services aspired to by the GKV.

5. Violation of Section 19 GWB / Art. 82 EC

The fact that the GKV dominates the market for supplemental insurance can hardly be questioned. In the center stands the economic power of a company, which enables it to squeeze out or discipline competitors or to unilaterally impose conditions on market partners. It involves the economic predominance of a company, which puts it in the position impede the perpetuation of effective competition on the relevant market, while it provides the company the opportunity to act autonomously in respect to its competitors, its buyers and ultimately the consumers to an appreciable extent. Such a bearing exists, if a company must no longer react to anonymous competitive pressure, but conversely is able to act autonomously from competition or to control the competitive conditions. Under these conditions, potential residual competition also does not speak compellingly against the presence of a market dominating position. The strong position of the company in question appears precisely in the fact that its freedom of behavior is not restricted by the competition still present.

The economic power of the GKV after its entry as a newcomer on the market for supplemental insurance is to be described as follows:

By means of its overall organizational setup, it is closely connected with its members, whether they are voluntarily or compulsorily insured. In contrast to the companies of the PKV, who must fundamentally present their offers to individual consumers through independently operating brokers, it has an internal organizational structure that enables immediate and direct access to the individual members.

These members, who make up approximately 90% of the people, who have comprehensive health insurance in the Federal Republic of Germany, whether by operation of law or voluntarily, are simultaneously 90% of the potential consumers seeking supplemental insurance. All of these persons are accessible to GKV with all personal data relevant for the potential sale of supplemental insurance, such as address, age, gender, income, employer and in part, health status. With this data, GKV possesses unparalleled market access in respect to the PKV competitors. Only the GKV can selectively approach individual consumers directly with this knowledge of the details regarding personal relationships and needs of potential consumers, which is particularly effective on the basis of already existing comprehensive health insurance between the GKV and the consumer.

In contrast, the PKV can only approach consumers without personal reference generally and by means of public media, such as through advertising on television for example, without being able to make a targeted offer based on the individual circumstances of the potential consumer. In contrast, it is quite apparent that the GKV has very uncommon, virtually unparalleled and extraordinary access to the other side of the market.

Added to that is the fragmentation of the group of PKV competitors. Approximately 50 companies are active here, who alone must also position themselves in competition among one another due to the ban on cartels. The financial power of GKV and the lack of bankruptcy risk should be mentioned at this point only for the sake of completeness.

As a result, it can thus be determined that the GKV will simultaneously capture a market dominating position in the market for supplemental insurance upon its entrance into the market. With its unparalleled economic power for such a market, it is possible for the GKV to squeeze out or to discipline competitors and to impose unilateral conditions on consumers. The GKV can act autonomously from competition.

For the question of whether the intended offer of supplemental insurance is to be considered an abuse of a market dominating position in terms of Art. 82 EC and Section 19 GWB, two factual origins of the case from the evaluation must be dealt with:

On one hand, a functioning competitive market with a multitude of competitors and a structure conducive to competition was involved in the market for supplemental insurance. The number of competitors is relatively large, there are practically no market access restrictions and the offered product is capable of innovation.

On the other, as a newcomer to this market, GKV will indeed by the market dominating enterprise in the moment of its entrance into the market for the above depicted reasons, however it does not necessarily need the expansion of its business area. In accordance with its legal mandate, the GKV is in principle the administrator and shaper of the principle of mutual solidarity of the insured parties and of the health insurance funds. It is here the bearer of a public function, which in its core area is the compulsory insurance for approximately 90% of the population of the Federal Republic of Germany. Better provision of the consumer cannot be achieved by GKV's entrance into the market. On the contrary, the provision of the consumer is optimally ensured through the competitive offer of supplemental insurance by the PKV.

The GKV has also not become market dominating company through long-term competition in performance in an originally competitively structured market, which defends its position with the resources of competition. The GKV steps in much more beyond its central, unparalleled position formed by social assistance law as the administrator and keeper of the principle of mutual solidarity of compulsorily insured persons with the resources of this unparalleled position in a previously competitively structured market, and it will destroy this competitive structure at the moment of its entrance into the market. The market structure is henceforth lopsided. The GKV will impede and impair previously effective and unadulterated competition with the first offer of supplemental insurance.

In doing so, this does not involve the question of whether the means used or the behavior pattern of the market dominating enterprise complained of conforms to the rules of competition in performance, as is generally practiced by the competitors on competitively structured markets. The result of the conduct of the market dominating GKV is the destruction of the competitive structure on the market for supplemental insurance. The emergence of the market dominating position through entry into the market and abuse through the first offer of supplemental insurance as a single act constitutes abuse. In this respect, a test of causation is also not applicable.

That the necessary consideration of the mutual interests under the roof of the aims of the EC convention directed at free and unadulterated competition in the present case to the disadvantage of the GKV, requires no additional justification.

A violation both of Art. 82 EC as well as Section 19 GWB can have administrative law consequences, however it can also have civil law consequences, which is especially important for the present case.

In respect to the administrative law consequences of Art. 82 EC, it must be noted that both the EU Commission as well as the national Competition Commission can demand the abusiveness of the conduct and abstention from the complained-of abusive conduct on the basis of the authority conferred on it by Ordinance 1 / 2003. That would be the Federal Cartel Office in the present case. Whether monetary fines can be imposed by the authorities, can be questionable in the present case, while due to the unsettled legal situation, whether and to what extent supplemental insurance may be offered by the GKV, this would not be without influence on the subjective facts of the case of the respective monetary fine standards.

In the present case, more important that the administrative law consequences may be the civil law consequences of the conduct complained of and classified here as abusive in terms of Art. 82 EC and the Section 19 GWB. Legal transactions, which can be traced back to the abusive conduct of a market dominating enterprise under these regulations, are invalid in the general view of civil law[111]. As Art. 82 EC does not directly define any legal consequences, we must hearken back to the national provisions of civil law. Under German law, behavior patterns that are included by Art. 82 EC and by Section 19 GWB, are to be considered a violation of Section 134 and 138 German Civil Code (BGB). Art. 82 EC is also a protective law in terms of Section 823 para. 2 BGB.

That means that violations of Art. 82 EC and Section 19 GWB constitute claims of injunctive relief and claims for damages. Such a claim can be based on Section 33 GWB and asserted directly before the national courts (see also Art. 6 Ordinance 1 / 2003).

II. Substantial findings

1. Elective rates, that are not included by the scope of services of the GKV, such as treatment by the chief physician or the single or double bed surcharge, change the services offered by the GKV and are not limited only to a variation of type and amount of the premium. Reimbursement rates that change the scope of services are not to be reconciled with Section 53 SGB V – they are subject to Section 194 para. 1a SGB V.

2. The GKV offers an economic activity in terms of the jurisprudence of the ECJ in the offer of comprehensive health insurance to persons who can voluntarily insure themselves. In addition, it is economically active in the offering of sup-

[111] Bechthold, EG-Kartellrecht (EC Antitrust Law), 2005, Art. 82, margin note 66.

plemental insurance to its compulsory or voluntarily insured parties, if one assumes that it may make such an offer under Section 53 para. 4 SGB V. For this reason, the GKV is subject to competition law in both areas.

3. The offer of comprehensive health insurance, including the offer of elective rates, to voluntarily insured parties violates the base valuations of Art. 86 in connection with Art. 4, 98, 10 para. 2, 82, 87, 88 EC.

4. The offer of supplemental insurance under Section 53 para. 4 SGB V violates Art. 86 in connection with 82, 4, 98, 10 para. 2, 49, 87, 88 EC.

5. The priority of the community law must be observed in the application of the national law by the public authorities. Section 53 para. 4 SGB V must be interpreted consistent with the community, so that the offer of supplemental insurance is not allowed. In an interpretation consistent with the community, reimbursement rates are permissible to the extent they vary exclusively in the type and amount of the premium of the GKV (Section 13 SGB V). They are impermissible to the extent the scope of services is changed. The scope of service will always be changed if services are offered that were not previously included in the scope of service of the GKV. Belonging thereto are also treatment by the chief physician, the single and double bed room surcharge or international travel health insurance.

6. Art. 12 of the German Constitution (GG) prohibits predatory competition and demands an interpretation of Section 53 SGB V in terms of the valuations of European law.

7. Section 3 UWG prohibits the squeezing out of competitors without material reason (market disturbance). Such a case of market disturbance would be present here, if GKV is allowed to offer supplemental insurance within the framework of Section 53 SGB V.

8. The GKV has a dominating position in the market for supplemental insurance. The GKV abuses its market-dominating position under Art. 82 EC and Section 19 GWB through the offer of supplemental insurance.

9. The violations of European law can be assured by the PKV companies within the scope of referral proceedings under Art. 234 EC. Such a referral proceeding could occur for multiple reasons. A constitutional complaint of the PKV companies against the new regulations of the GKV-WSG including Section 53 SGB V would be conceivable. Submission to the ECJ would then be applied for at the Federal Constitutional Court. An appeal of an administrative act, which entitles the GKV to offer an elective rate that stretches to supplemental insurance would also be conceivable. In the last instance, a submission to the ECH under Art. 234 EC can be sought within the framework of an legal challenge by the PKV companies injured by third parties. Finally, the PKV companies could also directly proceed against the GKV due to the violation of Section 19 GWB / Art. 82 EC and demand abstention and compensation within the framework of such an antitrust law proceeding (Section 33 GWB). A submission to the ECJ can be sought for even in the last instance in such a proceeding.

10. The GKV has no market-dominating position on the market for comprehensive health insurance for voluntarily insured parties with the inclusion of elective rates.

11. Quite generally, the Act to Strengthen Competition in Statutory Health Insurance does not strengthen competition, but rather is anti-competitive, because it destroys existing competitive structures with its implementation through the GKV.

Literaturverzeichnis

Badura, Peter, Staatsziele und Garantien der Wirtschaftsverfassung in Deutschland und Europa, in: Festschrift für Klaus Stern, 1997, S. 409.

Bechtold, Rainer / Bosch, Wolfgang / Brinker, Ingo / Hirsbrunner, Simon, EG-Kartellrecht, Kommentar, 2005.

Beckschäfer, Hartmut, Die Wahltarife nach § 53 SGB V in der Aufsichtspraxis des Bundesversicherungsamts, in: Die Ersatzkasse (ErsK) 2007, S. 233 – 235.

Benda, Ernst / Maihofer, Werner / Vogel, Hans Joachim (Hrsg.), Handbuch des Verfassungsrechts der Bundesrepublik Deutschland, 2. Auflage, 1995.

Calliess, Christian / Ruffert, Matthias (Hrsg.), EUV / EGV, Kommentar, 3. Auflage, 2007.

Grabitz, Eberhard / Hilf, Meinhard (Hrsg.), Das Recht der Europäischen Union, Kommentar, Band 1, Loseblattausgabe, Stand 2007.

von der Groeben, Hans / Thiesing, Jochen / Ehlermann, Claus (Hrsg.), Kommentar zum EWG-Vertrag, 5. Auflage, 1997

Immenga, Ullrich / Mestmäcker, Ernst-Joachim, Wettbewerbsrecht, Kommentar, Band 1, Teil 1: EG, 4. Auflage, 2007.

Immenga, Ullrich / Mestmäcker, Ernst-Joachim, Wettbewerbsrecht, Kommentar, Band 2: GWB, 4. Auflage, 2007.

Jarass, Hans / Pieroth, Bodo, Grundgesetz für die Bundesrepublik Deutschland, Kommentar, 9. Auflage, 2007.

Köhler, Helmut, Zur Konkurrenz lauterkeitsrechtlicher und kartellrechtlicher Normen, in: Wettbewerb in Recht und Praxis (WRP) 2005, S. 645 – 654.

Loewenheim, Ullrich / Meesen, Karl / Riesenkampff, Alexander (Hrsg.), Kartellrecht, Kommentar, Band 1: Europäisches Recht, 2006.

Maunz, Theodor / Dürig, Günter, Grundgesetz, Band 1, Loseblatt-Kommentar, Stand 2007.

Mestmäcker, Ernst-Joachim / Schweitzer, Heike, Europäisches Wettbewerbsrecht, 2. Auflage, 2004.

Prölls, Erich / Martin, Anton, VVG, Kommentar, 27. Auflage, 2004.

Schwintowski, Hans-Peter, Vermittlung privater Zusatzversicherungen durch gesetzliche Krankenversicherer nach § 194 Abs. 1a SGB V, in: Versicherungswissenschaftliche Studien (VersWissStud) 2005, Band 29, S. 211 – 282.

Sodan, Helge, Das GKV-Wettbewerbsstärkungsgesetz, in: Neue Juristische Wochenschrift (NJW) 2007, S. 1313 – 1320.

Streinz, Rudolf, EUV / EGV, Kommentar, 1. Auflage, 2003

FSC
www.fsc.org
MIX
Papier | Fördert gute Waldnutzung
FSC® C083411

Kolibri 360 GmbH
Ferdinand-Jühlke-Straße 7
99095 Erfurt, Deutschland
produktsicherheit@kolibri360.de